かかわることば

参加し対話する教育・研究へのいざない

佐藤慎司・佐伯 胖――[編]

東京大学出版会

Engaging Language:
An Invitation to Dialogic Education and Research
Shinji Sato and Yutaka Sayeki, Editors
University of Tokyo Press, 2017
ISBN 978-4-13-053089-7

はじめに

本書は、ことばとは何か、ことばで人とかかわるとは一体どんな営みなのかということを様々な角度から見つめ直すために編集されたものである。

人はことばを用いる、ことばを用いてコミュニケーションするというのはごく当たり前のことのようであるが、そのことばとは一体何なのか？　私がパッと思いつくだけでも、単語、方言、標準語、それ以外にも、身振り手振り、視線などの用語で言い換えることが可能である。狭義の言語を使わなくても、目配せで会話ができたり、外国旅行中にトイレの場所を聞いたりすることができるのはその良い例であろう。それだけでなく、ことばは音楽、造形芸術など表現媒体という意味合いをもって使われる場合もある。音楽や絵などでメッセージや感情を伝えたり、また、それらのものがほかのことばと組み合わされたりして、日常的にコミュニケーションが行われている。そんなことばは、子どもが小さい頃はよく親が話しかけ、また、本の読み聞かせをするようなかたちでだんだん使えるようになっていく。また、音楽や造形芸術などの表現媒体も環境の中で、ときには教えられながら、だんだん鑑賞できるようになっていく。

ことばの教育と聞くと、学校における外国語教育、国語科教育、あるいは英会話教室などを思い浮かべる人が多いと思うが、それだけではない。幼稚園教育要領、保育所保育指針にもことばについての言及はあるし、手話、点字などの教育、また、アートやデザインなどの表現媒体の教育も定義次第ではことばの教育の範疇に入ると考えられる。

本書は、ことばという概念を広くとらえ、ことばの教育に携わっている人たち、これからことばの教育に携わろうとしている人たち、ことばの教育の研究者、幼児教育、障碍者教育、芸術教育、演劇教育などで「ことば」とその教育について考えている人たちを読者として想定している。そして、ことばとは何か、ことばとは何のためにあるのか、また、ことばの教育の目的は何なのかなどという問いを考えること、またことばを用いて人とかかわるという事象を見つめ直すことで、ことばの教育、ことばによる人間叙述の根本を問い直すきっかけを提供できればと考えている。

この本が生まれることができたのは、このプロジェクトを最後まで温かく見守ってくださった東京大学出版会の後藤健介さんのおかげである。ここに感謝の気持ちを表したい。

日本移動中の仙台にて

佐藤慎司

目次

はじめに（佐藤慎司）　*i*

序章　ことばとは？ ことばの教育とは？——佐藤慎司　*1*
ことばで人にかかわろうとするみなさんに伝えたいこと

1　生きることとと「ことば」　*4*
2　描く、語るということとことば——客観的に描く、語るということ　*7*
3　ことばの教育とは　*9*
4　本書の構成　*12*

Ⅰ部　かかわることば、かかわらない言葉

1章 人間の発達をかきなおす
かかわることば、かかわらない言葉——佐伯　胖 23

1 はじめに——ポランニーの「個人的知識」から 23
2 赤ちゃんは私たちと「かかわろう」としている 28
3 言語における「視線」理解 46
4 「かかわることば」と「かかわらない言葉」 53

Ⅱ部　ことば（を使う）とは、どういうことか？

2章 かかわりからはじまるこどものことば、アートのことば
絵の中で豊かにしゃべり始めた子どもの「ことば」——刑部育子 65

1 「百の言葉」という言語観 68
2 子どもの絵に注目する 72

3 見入る、聴き入る他者のかかわり（注目）から「かかわることば」が生まれる 79
4 「かかわらない言葉」とはどのようなものか 81

3章 文字や表記システムと社会的実践としてかかわる ―― 奥泉 香 85
言語だけでなく色・かたち・デザインも語る

1 書記テクストの変化 86
2 変化した要素を含む書記テクストの例 89
3 例示の書記テクストからの意味構築 90
4 社会的実践としての文字や表記システムとのかかわり 100
5 今後必要となる国語科の学習 105

4章 越境する「私たち」と教育のフィールドワーク ―― 対話的オートエスノグラフィーの試み ―― 井本由紀・徳永智子 115
ことばでエスノグラフィーを書くこと、自己を振り返ること

1 「かかわり」のはじまり 115

2 エスノグラフィーとのかかわり——教育と人類学の視点から 121
3 教育の「研究」とのかかわり 128
4 流れ続ける対話と、「今」を捉えるエスノグラフィー 135

Ⅲ部 ことばの教育

5章 授業を演劇化する「教える技術」——英語教育者は学習者とどう向き合うのか——仲 潔 143
教師が生徒一人ひとりに向き合うことばを考える
1 「教える技術」の危うさ 143
2 教える技術と思い込み 146
3 「教える技術」と学習者の機械化 153
4 ことばの教育における対話性の回復 155

6章 社会・コミュニティ参加をめざすことばの教育
ことばで出会う、ことばで変わる

1 外国語教育と「かかわることば」 163
2 外国語教育理論・外国語教授法における「言葉・ことば」の扱われ方 164
3 社会・コミュニティ参加をめざすことばの教育 173
4 実践例 174
5 未来を創ることばの教育へ 185

7章 言語・文化・アイデンティティの壁を越えて
――ともに生きる社会のための対話環境づくりへ―― 細川英雄 191
排除のことばを越えることばをもとめて
1 ともに生きる社会のための対話環境づくりへ 191
2 感覚・感情・思考の総体としてのことば 195
3 インタビューから対話へ、そして文化とは何か 200
4 ことばの活動によって問われる言語教育の意味 203
5 ことばの教育とは何かという問い 207

6　「かかわることば」の言語教育へ　209
おわりに　（佐伯　胖）　213
執筆者紹介　215
索　引

序章　ことばとは?・ことばの教育とは?

佐藤慎司

「『ことば』とは何か」この問いに答えるのは思っているよりも難しい。そもそも、日本語には、「ことば・言葉」以外にも「言語」という用語も存在し、その二つが並行して用いられている。少し調べてみると、言語ということばは古くは『易経』『論語』でも用いられていた言葉であり、現在のわれわれの用法とさほど変わりはなかったようだ(『哲学・思想翻訳語辞典』)。その後、西洋からの言語学の影響で、言語という言葉は「ことば」にくらべて科学的な意味合いを持つようになる。

現在、「言語」は、辞書では「人間が音声を用いて思想・感情・意志等々を伝達するために用いる記号体系。およびそれを用いる行為」(『広辞苑』)、「音声や文字によって、人の意志・思想・感情などの情報を表現したり伝達する。あるいは他者のそれを受け入れ、理解するための約束・規則。および、そうした記号の体系」(『大辞泉』)また、人間が用いる意志伝達手段であり、社会集団内で形成され、意志を相互に伝達すること(コミュニケーション)や、抽象的な思考を可能にし、結果としては人間の社会的活動や文化活動を支えている（『ブリタニカ国際百科事典』）とまとめられている。つまり、約束、規則、記号の体系だけでなく、それを用いる行為も言語と考えられている。確かに、「言語を絶する」と使うような場合には、記号体系を用いる行為ともとらえられよう。

また、言語には、一般的な言語という概念だけではなく、個別言語（a language、例えば、英語、フランス語など）の意味もある。「どの言語を話しますか」といったような文では、回答は「日本語」「英語」となるため、この場合の言語は個別言語を指すが、「人は言語を話す動物だ」というような文の中では、言葉一般の意味合いを持つ。

個別の学問分野においては、定義や意味合いが一般的な辞書の定義よりも厳密になる場合もある。例えば、認知科学や神経言語学《ニューロ・リングイスティックス》では、言語は、人間が言語行動（言語を学習する、発話を作り出したり、理解したりする）を行うために生まれながらにして持っている能力／機能《メンタル・ファカルティ》と定義されることが多いが、文法学や計算言語学《コンピュテーショナル・リングイスティック》では、意味を伝達するための文法規則によって支配されたフォーマルな記号体系、語用論、社会言語学や言語人類学では、人間が口頭、あるいは、シンボリックな発話の交換を可能にするためのコミュニケーション体系などと定義され、言語の指し示すものは、行為、能力や機能、体系と幅広いことが分かる。

言語が漢語であるのに対して、言葉・ことばは和語である。ことばの起源はいくつか説があるが、「コト（言）＋ハ（葉）」で言の葉が語源だとする紀貫之が述べている説、「コト（事、言、未分化）＋葉（茂らせる表現）」で事柄を口に出して茂らせるのが言葉だとする説、「コト（事、言）＋ハ（端）」で事柄の一端を口に出すのが言葉だとする説などがある（日本語源大辞典、日本語源広辞典）。ことばには言端のほかに言葉、言羽、辞などの文字が用いられたが、言葉が残った理由は『古今和歌集』の仮名序の「やまとうたは　ひとのこころをたねとして　よろづのことの葉とぞなりける」にもあるように、「葉」という言葉がたくさんの意味で豊かさを表すためではないかと考えられている（『言語由来辞典』）。

和英辞典を見てみると、言語の訳語はランゲージ language であるのに対し、言葉・ことばの訳語は language, dialect, word(s), phrase, term, expression, remark, speech, (manner of) speaking と、言葉・ことばの方がかなり広範囲の意味合いを持つことが分かる。つまり、言葉・ことばには、単語、語句といったいわゆる言語よりも小さい単位のもの、方言、標準語などの単位、ボディランゲージ、アイコンタクトといったようなマルチモード、また、音・音楽、造形芸術などアート的な側面まで幅広い意味合いが含まれる（山西 二〇一六）。このように見てみると「ことば・言葉・言語」という言葉は文化、コミュニケーションということばと同様（佐藤・熊谷 二〇一四）、さまざまな意味合いを持つ言葉であり、日常的な使用の中で、文脈や使用者の間で定義が異なっている場合もあると考えられる。

この序章では言葉・ことば、言語の定義を今までに見たすべての広い意味合いを持つ幅広いものととらえ、「ことば」とひらがなを用いたい。そして、本書の中ではとくに狭義の言語学的な定義でこぼれおちてしまった要素を重要視したいと考えている。

1　生きることと「ことば」

私たちはさまざまな人々にかかわって生きている。そして、そのかかわりにはいろいろなかたちがある。「かかわる」ということばを辞書で調べてみると「①関係する、たずさわる、②こだわる、なずむ」（広辞苑）と書かれているが、この定義でもわかるようにかかわりにはさまざまなレベルがある。そして、そのレベルは、相手との関係とかかわりの深さ、つまり、相手・対象をどの程度意識しているか、相手とのやり取りをどの程度前提にしているか、相手への了解をどの程度取っているか、などによって異なってくる。例えば、様子を見合わせてかかわらずに待っているというレベルもあれば、重大なつながりをもち自分に大きな影響が及ぶというレベルもある。また、「かかわる」の反対語は「かかわらない」のでなく、無関心なのかもしれない。なぜなら、かかわらないという選択肢は、ある程度かかわることを前提に検討した結果、その選択肢を選んだとも考えられるからである。

また、かかわり方だけでなく、かかわる対象、つまり、相手も多様化している。グローバリゼーションによって人、モノ、情報の行き来が以前にも増して盛んになり、また、今まで以上に、異なるバックグラウンドを持った人たちとコミュニケーションする機会も増えている。そのような状況の中で、言語（日本語、関西弁、手話、オンラインフォーラムに特有のことばづかいなどのある特定の言語）は、特定の集団の中で人をつなげ、集団としてのアイデンティティの中核を形成するという役割を果たしたり（安田 二〇〇九)、世界観の基盤、情報伝達、コミュニケーションの手段、愛着を持ち、自己同一化する対象、文化、記憶、生活、教育、インフラを支えるもの、人間を集団にまとめるという特徴があると考えられている(あべ 二〇一五)。

しかし、一方でその同じ言語が、その言語を話さない人を排除する装置にもなりうる(安田 二〇〇九)。あべ(二〇一五)は、この点を踏まえた上で、言語の問題点を以下のようにまとめている。

・人間を分裂させるもの
・言語弱者を排除するもの
・主流言語の話者の利益を促進させるもの
・憎悪表現・差別表現の問題

つまり、社会の規則や慣習は、ときにその成員同士のコミュニケーションをやさしくするものでもあるが、その社会のルールにそぐわない者、何らかの理由で「そぐえない」者には排他的であるという全く反対の側面を持つことにもなる。それは、ことばが個別言語(例えば、英語、フランス語など)であっても、言語一般(例えば、人はことばを使う動物であるなど)であっても同じである。日本語を話さない人たちは、日本語を理解できないために日本語話者のコミュニティに入ることが難しいのと同様、何らかの理由で狭義の言語が話せない障碍者は言語を話す人たちのコミュニティに入ることが難しいと考えられる。

では、広い意味での「ことば」はどうだろうか？「ことば」はその定義の広さゆえにいろいろな人たちのコミュニケーションを内包する可能性がある。例えば、日本語ができなくても、言語が使えなくても、何らかの形で広義のことばを用いてのコミュニケーションが可能なのではないだろうか？例えば、佐伯の第1章でも述べられているように、乳児も「言語」を使っていなくても「ことば」を用いて何らかの形で親とコミュニケーションをとっているのである。

また、このようにことばを使うとき、ことばには意味がある、ことばは意味を持つという事実は、だれもが信じて疑わない自明のことのように思われる。辞書を調べればそれぞれの言葉の定義が出てくるし、「同じ」言語を使っていれば通じ合えると、われわれはたいてい信じている。ただ、絵や音楽も「ことば」であると考えた場合には、それで表現されるものが何であるか、何を伝えようとしているのか、その意味は何か、解釈がまちまちであることは多くの人が納得するところではないかと思う。しかし、それが狭義の「言語」となると、その言葉に意味が付与されていて、文法や語彙を正しく使いさえすれば、「正しく」伝えることができると考える人が途端に多くなるのはなぜだろうか？

言葉は一体だれのものなのだろうか？　意味を決定できるのはだれなのか？　この問いに対する回答はいろいろ考えられるが、ミハイル・バフチンは言語について次のように言っている。

「言語の中の言葉（the word in language）は、なかば他者のことばである。それが、〈自分の〉言葉となるのは、話者がその言葉の中に自分の志向とアクセントを住まわせ、言葉を支配し、言葉を自己の意味と表現の志向性に吸収したときである。この収奪の瞬間まで、言葉は中性的で、非人格的な言語の中に存在しているのではなく（なぜなら話者は、言葉を辞書の中から選びだすわけではないのだから！）、他者の唇の上に、他者のコンテキストの中に、他者の指向に奉仕して存在している。つまり、言葉は必然的にそこから獲得して、自己のものとしなければならないものなのだ。」（バフチン 一九九六、67–68）。

このように考えると、言葉の意味というものはことばの中に存在するのではなく常にやりとりの中で作られ、確認されているということになるが、そもそも言葉は一体だれのものなのか、意味を決定できるのはだれなのかという問いかけ自体が妥当なものなのかということも考えなければならない。

2　描く、語るということとことば――客観的に描く、語るということ

同じものを見ていても、見ているところが違う、あるいは、見たものを伝えるときに異なって伝えられるというのは、絵を描く、写真を撮るなどの行為で明らかであると思う。出来事をことばで描くという行為も同じである。また、描く、語るという行為では、語る人がどんな人間であるのか、また、聞いて、読んで、見てくれる人がだれなのかということが大変重要になってくる。

私は人類学者としてインタビュー調査をすることがよくあるが、あるときアメリカで生まれ育った日系

二世の父親を持つ「継承語話者」にインタビューする機会があった。その際、話の流れで、日本料理の作り方を知っているかという質問をすることになった。その際、彼女は、それはだれがその質問を自分にするかによって、例えば、日本人の問いかけなのか、日本のことを知らない人の問いかけなのかによって答え方は異なると答えたのである。その時に私ははっとした。例えば、私が日本語学習者に日本語でインタビューをする場合、私（＝インタビューする人）は、インタビューを受ける学習者にとって、研究者であり、教師であり、日本語母語話者である。もし、他の人が同じ問いを学習者にした場合、学習者から同じ回答が返ってくるだろうか。私がしているインタビュー、人に問いかけるという行為とはいったいどんな行為なのだろうか。

一九八〇年代に人類学において「文化を描く」ことが批判的に振り返られたが、これはその問題とまさに同じ問題である（Marcus and Fischer 1986）。人類学者・調査者は他者を見るだけでなく、他者に見られてもおり、その関係性の中に自分自身が位置付けられていく。そして、それをしっかりと踏まえた上でフィールドにおける「自分」に意識的になり、調査協力者との関係性の中に自分を位置付け、記述を行うことが大切である。これは人類学者が研究を行う際の「中立な」「客観的な」立場を否定するものである。

このような現在の人類学のスタンスは、人類学者が文化を描くという文脈だけでなく、人がコミュニケーションをする際にも同じことが当てはまる。つまり、人がコミュニケーションを行う際には、さまざまな関係性の中で自分の立ち位置（ポジション）をどう設定し、どうコミュニケーションしていくかを考えていかなければならない。自分の立ち位置に満足がいかない場合は、違う立ち位置に立てるように相手と交渉し、自分の立ち位置を探しながら、コミュニケーションを行っていかなければならないのである。このような位置取り（ポジショニング）の過程は実際のコミュニケーションの際に無視できないものであると考えるが、ことばの教育はこのような緊張感のあるコミュニケーションを取り込んでいると言えるのだろうか。

3　ことばの教育とは

ここまででは、ことばの研究、また、研究したことをことばを用いて描く、語るという営みを振り返ってきたが、では、ことばの教育とは一体どんな営みなのか、最後に考えてみたい。「教育」の定義を辞書で調べてみると「教え育てること、望ましい知識・技能・規範などの学習を促進する意図的な働きかけの諸活動」（広辞苑）、「教え育てること。知識、技術などを教え授けること。人を導いて善良な人間とすること。人間に内在する素質、能力を発展させ、これを助長する作用。人間を望ましい姿に変化させ、価値を実現させる活動」（ブリタニカ国際大百科事典）とあるが、「善良」「望まし」さの定義は社会やコミュニティによっても異なる。教育とは、ある社会、コミュニティが決めた「善良」「望ましさ」に子どもや学習者を導いていくことだと定義することも確かに可能かもしれないが、この定義では「善良」「望ましさ」をだれが決定しているのかが見えにくい。また、子どもや学習者が社会で生きていく上では、本人が自分にとっての「善良」「望ましさ」とは何なのかについて考えていくことも大切なことである。

このように見ていくと、ことばの教育とは、ことばを教えることを通して、社会、コミュニティの、そして、自分の「善良」「望まし」さについて（批判的に）考えていくことを促進する営みであるともいえる。また、教育をそのようにとらえるとき、ことばを教える技術、つまりどこにいてもだれに対しても有効だと考えられることばの教授法、教育法といったものが存在するのかという疑問も湧く。事実、教授法の限界についてはさまざまなところで指摘されている。その中でも、クマラヴァディヴェル（Kumaravadivelu 2006）は、教授法という発想の問題点を指摘し、それを乗り越える概念のひとつとして特定性《パティキュラリティ》という概念をあげている。その特定性という概念では、ある活動はどの文脈にでも当てはまる一般的なものではなく、必ず（一般化できない）特定の文脈の中でのみおこるということを強調している。つまり、この特定性という考え方は、ある程度の一般化が可能であるという考えをもとにしているメソッドという概念そのものを否定するものでもある。

最後に、ことばとは、そして、ことばの教育とは何なのかをもう一度考えるために、少し長くなるが、汐見稔幸（一九八八）の「書くことと『やさしさ』」というエッセーを紹介したいと思う。

このエッセーは、ある「障害児」学級担任、大野英子先生の教育実践記録である。大野先生のクラスにいた吉川千栄子という女の子は「イヤ、ウルセー、バカ」の三つのことばしか言わない子だった。しかし、大野先生がよく聞くと、千栄子の「ウルセー」にもいろいろな表情があることが分かってくる。それが分かると、千栄子の「ウルセー、イヤ、バカ」が大野先生にはとても大切なものに思われてきた。

千栄子はまだ文字の読み書きがほとんどできなかったが、大野先生はクラスのある程度読み書きのできる子には詩を書かせようとしていた。そんなある日、千栄子はなぐりがきのようなものをノートに書いて先生のところへ持ってきた。千栄子は読めという。でも、どう考えても読めない。大野先生はその文字のようなものを何とか読もうとするが、読み間違える。そんな大野先生に千栄子は「間違い」を指摘する。そんなやりとりが続く中、千栄子は言う。

「ちえ、さくぶんだいすき。あしたもかくよ」

こうして千栄子は作文や詩を書きはじめた。

四年生になったある日、千栄子がもっとも大好きだったお母さんがガンでなくなってしまう。千栄子は猛烈にお母さんについての詩を書きはじめ、大野先生はそれに応える。千栄子は中学校の障害児学級に入ってからも詩を書き続けた。しかし、ある日中学校の先生が赤ペンで千栄子の詩に対してコメントを入れた。

「あなたのお母さんはもう死んでしまったのよ、いつまでもお母さんのことを考えていないで前向きになりなさい……」

その日、千栄子は小学校へやってきて、ノートをくちゃくちゃにしてセロテープではったものを窓から大野先生の教室に投げ入れた。

それ以降、千栄子の成長は止まってしまった。

かかわることばを考えるとき、このエッセーは重要である。読めないときでも、何が書いてあるか分からなくても、大野先生は、大野先生のために書かれた千栄子の作文や詩を何とか読もうとする。そして、大野先生は千栄子と対等な関係で千栄子のことばを聞き取ろうとする。それを千栄子が感じ取ったとき、千栄子は自分自身が認めてもらえた、つまり、大野先生の愛情を感じた。千栄子はそうした大野先生の愛情に触れ、どんどんやさしく変わっていった。このように考えると、かかわることばとは、かかわろうとする使い手の意識だけでなく、それを読み解こうとする受け手との両方の意識が大切であることが分かる。

このエッセーを読むたびに、私はことばの教育の素晴らしさとこわさを感じずにはいられない。しかし、これはことばの教育に限ったことなのだろうか？　教育一般、ひいていえば、コミュニケーション、人間関係とは多かれ少なかれこのような緊張感を持ったものであると思うし、そのような覚悟を持って常にコミュニケーションを行うべきだというのが私の考えである。

4　本書の構成

以上のような問題意識を温めていたとき、私は刑部育子を通して佐伯胖に二〇一四年のプリンストン大学日本語教育フォーラムの基調講演を依頼した。これまでに私は、佐伯のさまざまな著書（佐伯 一九九五／佐伯・藤田・佐藤 一九九六）を読み、佐伯の教育・学習・学びと人間に対する考え方に強く共感し、これまでのことばと教育の固定観念を打ち砕くきっかけを作れるような講演を佐伯に依頼できないかその道を探っていた。佐伯が東京大学から青山学院大学に移って幼児教育研究に携わるようになり、幼児教育の中でことばと教育に関して著した部分（佐伯 二〇〇一）を読んだこともきっかけとなり、刑部を通し全米の日本語教育関係者を対象とした講演依頼をした。

本書は、その佐伯の基調講演「かかわることば、かかわらない言葉」を基軸に、佐藤が井本由紀（井本が徳永智子に）、奥泉香、熊谷由理、刑部、細川英雄、仲潔に声をかけ実現に至ったものである。このメンバーに声をかけたのにはいろいろな理由があるが、一番大きな理由は、彼らのことば、教育、学びといった概念に対する批判的視点、また、人間に対する姿勢と興味に佐藤が深く感銘をおぼえているからである。

今回の執筆メンバーの中で、佐藤が一番古くから知っているのは熊谷である。佐藤が一九九六年に渡米して以来の先輩・友人、共同研究者であり、現在までに本を五冊共同編集もしている（『社会参加をめざす日本語教育』〈佐藤・熊谷 二〇一一〉『未来を創ることばの教育をめざして』〈佐藤・高見・神吉・熊谷 二〇一五〉など）。

刑部との出会いは偶然である。当時佐藤はコロンビア大学ティーチャーズカレッジの人類学と教育学プログラムの博士課程に在籍しており、博士論文の予備調査のため函館の幼稚園、保育所にお邪魔していた。そこで二〇〇一年に伊藤美紀（北海道教育大学函館校）の紹介で、当時はこだて未来大学で教鞭を取っていた刑部と知り合った。それ以来、発達心理学や幼児教育に関していろいろ教えてもらっている。同じ頃、日本語を教え教育人類学を専攻する中で自分の居場所を見つけることができなかった佐藤が『ことばと文化を結ぶ日本語教育』（細川 二〇〇二）を読み感銘を受け、細川にメールをし研究室を直接訪ねた。それ以後、細川が早稲田大学を早期退職するまで毎年のように細川の研究室を訪れ、細川研究室の学生と共同発表・研究などを行っている。そのようなつながりから二〇一四年に新しく立ち上がった言語文化教育研究学会にも理事としてかかわるようになっている。

井本とは、二〇〇七年のアメリカ人類学会での発表が偶然同じ枠で、また、井本が佐藤の通っていた大学院のプログラムの後輩（澤本亜紀子、世界銀行）の友人だったこともあり、知り合いになった。その後、井本が英語教育に携わっていることもあって、研究集会などを主催する際には機会があればお互いに声をかけ合うようになっている（二〇一三年のオックスフォード大学のニッサン・インスティトュートで開催されたEngaging with Japanese Studies, 二〇一五年の金沢での言語文化教育研究学会研究集会「人類学・社会学からみたことばの教育」など）。

また、奥泉とは二〇〇九年にメルボルンで開催された国際語用論学会（International Pragmatics Association: IPrA）の年次大会で熊谷らと一緒にMultimodal literacy in Japaneseというパネルを組んだのがきっかけで、仲とはましこひでのり（中京大学）の紹介で知り合った。奥泉、仲ともに、二〇一二年に名古屋で開催された日本語教育研究国際大会のパネル「ことばの教育の連携」での発表、『異文化コミュニケーション能力を問う』（佐藤・熊谷 二〇一四）の執筆をお願いしている。

ここで本書の各章の紹介を簡単にしてみたい。

1章で佐伯胖は、ことばというのはもともとが「対話関係」の中で生まれたはずのものであり、二人称的関係を前提としており、個人と切り離したものではないはずであると述べ、そのようなことばを「かかわることば」と名付けている。それに対して、だれからの視点でもない「中立的」な観点、あるいはあらゆるものを「平等」に「公正」に扱う語り口で語ることばを「かかわらない言葉」と呼んでいる。そして、現在、科学は、三人称科学から他者と「かかわること（エンゲージメント engagement）」の科学、つまり、「二人称科学」へ移行していると主張しており、この佐伯の議論は本書の基軸となるものである。

Ⅱ部では、佐伯の議論をベースに、ことばとは何か、ことばを使うとはどういうことなのかを考えていく。はじめの刑部育子「2章　絵の中で豊かにしゃべり始めた子どもの「ことば」は、保育・初期段階の発達に関して、ことば、言葉というものの持つ意味、疑問、役割など考えるため、イタリアのレッジョ・エミリア市の幼児教育の思想を創ったマラグッチの「百の言葉」に示されている言語観を引いている。それは「百のうち九九の子どもの言葉が奪われている」というものである。そして、実際に絵の中で豊かにしゃべり始めた子どもの事例を分析することで「かかわることば」は聴く人の存在があってこそ生まれるのだと強く主張している。

また、3章の奥泉香の「文字や表記システムと社会的実践としてかかわる」では、読み手が書記テクスト（文字や表記システム）と社会的実践としてかかわるということはどういうことなのかについて考察している。そして、書記テクストと社会的実践としてかかわるということは、①テクストそのものとかかわるだけでなく、テクストとその読み手や書き手が共有しているリソース、また、テクストを取り巻く社会と三つの次元にかかわること、②既存のルールやシステムを再デザイン、つまり、吟味、検証しながらかかわること、③複数のモード（ボディランゲージ、声のトーンや大きさ、フォントのタイプや大きさや色など）からマルチモーダルにかかわることなのだとし、そのかかわりが大切であることをさまざまな具体例をあげ示している。

次の井本由紀・徳永智子の「4章　越境する「私たち」と教育のフィールドワーク――対話的オートエスノグラフィーの試み」では「かかわることば」を書くことはどこまで可能かという問いを設定し、新しいタイプのエスノグラフィー（対象となる集団の「文化」における特徴や日常的な行動様式を詳細に記述する方法のこと）を試みた。それは対話と記述を繰り返すことで作り出される対話的オートエスノグラフィー（自分を対象とするエスノグラフィー）の実践である。その中で二人は、「かかわることば」を書くことの過程や難しさを提示することで、かかわることばとは、断絶された科学的な「ことば」を、より人間中心的な「ことば」につなぎ直していく作業であることではないかとまとめている。

続くⅢ部は現在のことばの教育をさまざまな視点から見つめ直すことができるようなエッセイを集めている。はじめの仲潔「5章　授業を演劇化する「教える技術」――英語教育者は学習者とどう向き合うのか」では、英語教師は英語を教える際に学習者とどのようにかかわっているのかということを検証している。その中でことばの教授法（教える技術）という問題を考えることで、教える技術への無批判な信仰が生み出す演劇としての「良い授業」、そして、そこで用いられるかかわらない言葉の問題を指摘している。

また、佐藤と熊谷由理の「6章　社会・コミュニティ参加をめざすことばの教育」では、「かかわることば」を「有機的で常に変化することば、ある程度の規範的な意味は内包するが最終的にどんな意味を持つかは相手とのやりとり次第で変わりうることば」であると定義し、外国語教授法、外国語教育の動向の中で「かかわることば」「かかわらない言葉」がどのように扱われているかを概観している。そして、「かかわることば」を重視した言語教育を実現するためにはどうしたらよいのか、二つの実践例（「日本のマイノリティー」というコースのカリキュラムと「考えよう日本語コミュニティと自分」プロジェクト）を検証することにより、その可能性を提示している。

最後の細川英雄の「7章　言語・文化・アイデンティティの壁を越えて——ともに生きる社会のための対話環境づくりへ」では、「かかわることば」を「身体、心、思考を含めた、自己と他者の関係性の中で対象をとらえることばの活動」ととらえ、その観点から外国語・第二言語・母語のそれぞれのことばの教育を統合した、ともに生きる社会における対話環境づくりという課題について向き合っている。この章で細川は、ことばの教育の目的は、市民性形成、つまり、行為者一人ひとりが、一個の言語活動主体としてそれぞれの社会をどのように構成できるのか、社会における市民としてどのような言語活動の姿勢が求められるのかという課題と向き合うことであると結論づけている。

以上のような論考を集め、本書ではより一層読者と「かかわれる」よう、さまざまな工夫を試みた。執筆者同士で原稿を読み合いコメントしあうことはもちろん、出版社の提案により、目次では著者によるタイトルだけでなく、編者による（第三者の目から見た）タイトル（「スーパータイトル」）もつけてみた。また、各章もだれからの視点でもない「中立的」な視点、あるいはあらゆるものを「平等」に「公正」に扱うような語り口で語るのではなく、「私」をある程度出せるよう、それぞれの著者の個人的なエピソードなども章の中に入れるようにお願いをした。また、この章の執筆者紹介の部分で、編者の一人である佐藤と各執筆者とがどのようにつながっているのかが分かるような記述を含めてみた。

本書では、ことばとは何なのか、ことばの教育とはどんな営みなのか、そして、その中でかかわることば、かかわらない言葉の役割はどんなものなのかといった問いについて考えていきたい。そしてその中で、それぞれの論者がこれからのことばと教育、また、ことばの教育とはどうあるべきだと考えているのかそのビジョンについても必要があれば示していければと考えている。

謝辞

準備段階において以下の方から貴重なコメントをいただいた。この場を借りてお礼を申し上げたい。
熊谷由理　中島隆博（五十音順）

参考文献

あべやすし（二〇一五）『ことばのバリアフリー』生活書院
佐伯胖・藤田英典・佐藤学（編）（一九九六）『学び合う共同体』東京大学出版会
佐伯胖（一九九五）『わかるということの意味』岩波書店
佐伯胖（二〇〇一）『幼児教育へのいざない』東京大学出版会
佐藤慎司・熊谷由理（二〇一一）『社会参加をめざす日本語教育』ひつじ書房

佐藤慎司・高見智子・神吉宇一・熊谷由理（二〇一五）『未来を創ることばの教育をめざして』ココ出版
佐藤慎司・熊谷由理（編）（二〇一四）『異文化コミュニケーション能力を問う』ココ出版
汐見稔幸（一九八八）「書くことと「やさしさ」」茂呂雄二（編）『なぜ人は書くのか』東京大学出版会
ミハイル・バフチン（伊藤一郎訳）（一九九六）『小説の言葉』平凡社
細川英雄（編）（二〇〇二）『ことばと文化を結ぶ日本語教育』凡人社
安田敏朗（二〇〇九）「日本語は何を媒介してきたのか」木村護郎クリストフ・渡辺克義（編）『媒介言語論を学ぶ人のために』世界思想社
山西優二（二〇一六）多文化共生とことばの教育『言語文化教育研究学会第2回年次大会予稿集』
Kumaravadivelu, B. (2006) *Understanding Language Teaching: From Method to Postmethod.* Mahwah, NJ: Lawrence Erlbaum.
Marcus, G. and Fischer, M. (1986) *Anthropology as Cultural Critique.* Chicago: University of Chicago Press.（ジョージ・マーカス、マイケル・フィッシャー（一九八九）『文化批判としての人類学——人間科学における実験的試み』紀伊國屋書店）

Ⅰ部 かかわることば、かかわらない言葉

1章 かかわることば、かかわらない言葉

佐伯　胖

1 はじめに――ポランニーの「個人的知識」から

科学哲学者M・ポランニー（Michael Polanyi, 一八九一―一九七六）は、著書『個人的知識』（Polany, 1962）の冒頭で、次のように宣言している（訳は、特に断りがないかぎり、佐伯が原文から訳したものである）。

私は、科学が「個人性からの〝切り離し〟」を理想とする見方を退けることから始める。

この短い一文を冒頭でつきつけられても、おそらく読者には何のことだかわからないだろう。ポランニー自身、そのことを想定してか、このあと、この一文の意味を自ら解説している。ポランニーがこの一文

の後に続けている文を、私なりの補足的解説（［　］内）を加えて見ていこう。

このような間違った理想は、厳密科学では何ら実害を伴わない。なぜなら、そこでは科学者たちは一切そんなことを考えもしないからである［ポランニーは、本文の中で、実際の科学者（主に物理学者や化学者たち）が「科学する」際には、いかに、個人的にのめり込み、「切り離し」などしていないかを明らかにしている］。しかし、生物学、心理学、社会学では、この間違った信念は破壊的な影響を与えており、その全貌を科学の領域から遠く離れたものとして誤解させている。そこで私は、まったくの一般論として、知識について、もう一つの理想を確立したいのである［この文から推察すると、ポランニーの「本当のねらい」は、むしろ生物学、心理学、社会学にあり、それらが脱「切り離し」に向かうべきだと言いたかったのではないか。ただ、これらの領域については『個人的知識』ではほとんど言及されていない］。

ここでポランニーが提唱するのが、本の表題でもある「個人的《パーソナル》知識《ナレッジ》」である。ここでも彼は注釈を入れている。

この二つの言葉［「パーソナル」と「ナレッジ」を指す］は互いに矛盾しているように見えるかも知れない：なぜなら、真の知識というのは、非個人的で、普遍的に確立され、客観的であるとされているからである。しかし、この見かけ上の矛盾は、「知る」ということの考え方を修正することで解消する。

では、その「「知る」ということの考え方を修正する」というのはどういうことかというと、驚くべきことに、ポランニーは「科学以前」の考え方とされている「ゲシュタルト心理学」を、「確信を持って賛同する（countenance them uncompromisingly）」のだという。ゲシュタルト心理学というのは、二〇世紀初頭に、M・ヴェルトハイマー、W・ケーラー、K・コフカ、K・レヴィンらによって、ヴントらの「科学的心理学」に対抗して提唱された心理学で、「（その）最も基本的な考え方は、知覚は単に対象となる物事に由来する個別的な感覚刺激によって形成されるのではなく、それら個別的な刺激には還元できない全体的な枠組みによって大きく規定される、というものである。ここで、全体的な枠組みにあたるものはゲシュタルト（形態）と呼ばれる」（Wikipediaより）。それは、ポランニー自身の説明によると、以下のような知の技法（skilful knowing）だとする。

技法的知と行為は、個別的なものを、手がかりないしは道具とみなして、技法的達成の形成に従属させることによって実行されるものである。つまり、私たちが達成する「辻褄《つじつま》のあったまとまり（coherent entity）」に焦点化した気付きの中では、これらの個別的なものは「副次的な気付き」となるのだ、と言っても良いだろう。

ここで、ポランニーは、真の科学的知——すなわち、さまざまなものごとがみごとに辻褄のあったまとまりとしてくっきりと焦点化される知——が達成されるとき、個別的な（「部分的」な）気付きというものは、それに対して「副次的気付き」となり、そのような全体的理解を達成する際の手がかり、ないしは道具とされるのだ、としている。そういう個別的なものについては、ポランニーは私たちの「身体の延長（extensions of our bodily equipment）」となるのであり、その行使の結果、私たちは「自己の存在のある種の変化（a certain change of our being）」を来すとしている。つまり、「わかる」というのは、認識者自身の「人間が変わる」ことであり、個別的なことはそのための手がかり、道具になっている、というのである。

ここまでくると、ポランニーがなぜ「個人的」ということばを「知識」に付与しているかがわかる。つまり、対象を「理解する」ということは、認識者自身が「自らの存在を変えること」であり、その際、個別的な（部分・部分の）気付きは、そのための手がかり、道具として、自分の身体の延長として活用するのだとしている。これは、自分が変わる、つまり、あらゆるものごとの見方、捉え方が、がらりと変容するというのが本当に「わかる」ということなのだ、としているのである。

このような捉え方の一例としてポランニーがあげているのが、俗に言う「コペルニクス的転換」である。

コペルニクス革命の真の教訓は何か。なぜコペルニクスは彼の現実の地上の立脚地を太陽中心的見地と取り替えたのだろうか。このことの唯一の正当化は、地球ではなく太陽から見た天体のパノラマから彼の得た知的満足の方が大きかったということに存したのだ。（この部分のみ長尾史郎訳、三ページより）

つまり、個々の星の運動の個別的観察事実を手がかりないしは道具として、天体全体を「辻褄のあったまとまり」として見ることに専念した結果、「太陽から見る」という視点を得たのだ。そして、そのような「全体把握」をもとにすると、個別的な星の動きが「副次的な気付き」として納まり、そのような理解にひとたび達すると、もうもとへはもどれない、認識するコペルニクス自身の存在がそういう天体全体を取り込んで、あるいは、天体自身に「なって」、変容するのだ、という次第である。

そこで、対象に対するこのような向き方のことを、本章では「かかわること《エンゲージメント》（engagement）」と呼び、ポランニーが『個人的知識』の冒頭ではっきりと排除した「個人性からの〝切り離し〟」による対象への向き方を、（ポランニー用語でもある）「切り離し《デタッチメント》（detachment）」と呼ぶことにする。

2　赤ちゃんは私たちと「かかわろう」としている

レディの発見

発達心理学者のレディ（Vasudevi Reddy）は、自らが赤ちゃんを出産し、わが子と親しくかかわって、驚いたという（Reddy 2008）。これまで発達心理学のテキストでは、赤ちゃんは生後二～三ヵ月になるまでは他人とのかかわりがわからない、三～四歳になるまでは、他人の心を自分と違うものとは理解できないとしているが、母親として見ると、生後まもなくから、赤ちゃんははっきりこちらの微笑みに「応える」し、一歳ぐらいでも人（こちら）の心を見透かして、おもしろがらせたり、わざとふざけたり、見せびらかしたり、期待をもたせて裏切ったり、などなど、いじわるやずるがしこさをふくめて、まさに「この子、人間なんだ！」と思わせられたのである。そこでレディがあらためて疑問をもったのは、どうして「心理学」では、赤ちゃんの、これほどまでに（小憎らしいまでに）人間くさいことを見逃してきたのか、ということであった。そこで思い当たったのは次のことである。

心理学では、赤ちゃんをモノのように観察し、モノのように「反応」させて、その結果からそのモノ（としての赤ちゃん）の特性を、自分と切り離して《デタッチド》、理論づけてきた。つまり、赤ちゃんを「三人称的に」見てきたのだとした。それに対し、我が子を見る母親は、赤ちゃんを、はじめから「対話の相手」として、名前で呼びかけ、それへの「反応」は、モノや物質の「反応」ではなく、まさに人としての「応答」だとして受け止めており、それをまた、赤ちゃん自身も喜んで受け入れて、さらなる「応答」を返しているのである。つまり、赤ちゃんの側でも、他者を〝心理学的観察者〟というような「個人的なかかわりを持たない、持てない」他者としてではなく、自分と「個人的かかわり」をもってくれる他者、すなわち、「二人称的」他者とみなして、私たちと「かかわろう」としているのではないか、というのである。

発達心理学の三人称性――「心の理論」研究を例に

発達心理学のテキストには、「必ず」といってよいほど頻繁に取り上げられるテーマとして、「心の理論」研究がある（e.g., Doherty 2009）。

「心の理論」というのは、「心とはなんぞや」を問う理論的研究を意味するわけではない。これは、乳幼児が他者の「心」を理解しているかということを研究する際に、「心」を理解するのは「心」についての「理論」が獲得されていることだという（おそらく、シロウト目には奇異に見える）心理学者特有の考え方を指している。心理学者がどうしてそんな発想をするのかというと、それはこういう経緯による。そもそも物理現象や数の性質というのはすべて「物理学」や「数学」という理論体系で規定されており、たとえば、物理学でいう「質量の保存」とか、数学でいう「数の保存」というのは、それぞれ「物理学」「数学」という「理論」の基礎的原理であろう。二〇世紀最大の発達心理学者のひとりであるJ・ピアジェ（Jean Piaget, 一八九六―一九八〇）は、乳幼児に対して物理学や数学の基礎原理をどの段階でどの程度獲得しているかを解明するために、さまざまな実験課題を考案し、それによって、「質量の保存」については◎歳から、「数の保存」については△歳から、というような指針を示してきたのである。そこから、乳幼児の知的発達段階を明らかにするには、「それぞれの段階でどのような〝理論〟が獲得されているかを実験的に明らかにする」というのが発達心理学研究の基本的（標準的）な探究の筋道とされてきた。そう考えると、乳幼児が他者の「心」を理解できるようになるとしたら、当然、「心の理論」が獲得されているはずだということになり、「心の理論」についても、何らかの実験によってその獲得段階が判定できるはずだ、という見方をするのは、しごく（心理学者には）当然の成り行きだと言わねばならないだろう。しかし、これは、心理学者が赤ちゃんを実験材料にして三人称的に観察し、赤ちゃん自身も世界を「客観的」に三人称的に（「理論」をもとに）推論すると想定した研究である。

そこで乳幼児が「心の理論」を獲得しているかを検証するための実験として考え出されたのが、ウィマーとパーナー（Wimmer and Perner 1983）の「誤信念課題（False-Belief Task）」である。

これは、人形や紙芝居を使って物語を提示し、登場人物の「信念」（信じていること）について子どもに推測してもらうという実験である。まず、マキシー君が台所にやってきて、持っていたチョコレートを台所の左にある緑の箱にしまったあと、彼は遊びに行ってしまう（ここまでが第一場面）。次に、マキシー君の母親が台所にやってきて、ケーキを作り始める。ケーキを作るのにチョコレートが必要になったので、台所の左にある緑の箱からマキシー君がしまったチョコレートを取り出す。少し使ったあと、残りのチョコレートを今度は台所の右にある青い箱にしまう（第二場面）。それから、チョコレートを食べたくなったマキシーが台所にもどってきて、入り口に立つ（第三場面）。ここまで説明した後、この間の経緯を見ていた子どもに「マキシー君はチョコレートを取り出すために、どこに行くでしょう」と尋ねる。正解はもちろん、「緑の箱」である。マキシーはお母さんがチョコレートを青い箱に移し変えたことを知らないから、自分がチョコレートを入れた「緑の箱」と答えるはずだからである。これを三、四歳児は正答率がほとんどゼロ・パーセント、四〜六歳児は五七パーセントの正答率であるが、六、七歳児だと、八六パーセントの正答率だったという。ここから、幼児が「心の理論」を獲得するのは四歳を超えてからであると結論づけた。

この実験は「誤信念課題」実験と呼ばれ、発表後、登場人物、ストーリー、子どもに問いかけることば等々を変えて、無数と言ってもよいほど数多くの再現実験が行われたが、それらのほとんどが、幼児の「心の理論」の獲得は、四歳以後であり、三歳以下では、誤信念課題をパスできないということは、ほとんど動かしがたい事実とされてきた。ウェルマンら(Wellman, Cross and Watson 2001)は、これまで学会誌に報告された一七八件の実験結果をメタ分析した結果、「心の理論」獲得の年齢は課題の難易度を多少変えても影響が小さく、実験の行われた地域、文化の違いもほとんどなく、三歳を境にして「誤信念課題」が解けるようになるのは、幼児期における「真性の概念変化」であるとまで断言している。

ところが二〇〇五年に、オオニシとバイラジョン(Onishi and Baillargeon 2005)が、なんと生後一五ヵ月の幼児が「誤信念課題」を正解できることを示す実験結果を発表した。

実験は次のようなものであった。

実験者と赤ちゃんはテーブルを挟んで対面するが、テーブルには、緑の箱と黄色の箱がある。実験者はスイカのおもちゃを持ち出し、しばらく遊んでみせた上、緑の箱の中にしまうところで赤ちゃんの前にブラインドが下りてテーブルが見えなくなる。数秒後、ブラインドが上がったとき、実験者は手を伸ばし、(さきほどスイカを入れた)緑の箱に手を入れるが、赤ちゃんはそれを眺めても特に不思議そうにはしない(「さっきのスイカをそこに入れたのだから、それを取り出そうとしているだけ」)。次に、実験者がパネルで隠されて見ていない(赤ちゃんには見えている)ところで、先ほどの緑の箱に入ったスイカが、「勝手に」、反対側に置いてある黄色い箱に「引っ越す」(見えない糸で引っ張るかした一種の「トリック」である)。スイカが黄色い箱に引っ越した段階で、赤ちゃん側のブラインドが下りる。

〈テスト場面〉次にブラインドが上がると、今度は、おもちゃの「引っ越し」を見ていなかった実験者は、①緑の箱(彼女が以前にスイカを入れた箱)に手を差しのべるか、②黄色の箱(彼女は見ていなかったが、「引っ越した」スイカが存在している箱)に手を入れる。この場面を見た赤ちゃんはどのような様子を見せるか。

〈結果〉一四~一五ヵ月の赤ちゃん五六人を対象にした実験の結果、①を見た赤ちゃんは、たいくつそうに、「さもありなん」という表情で見つめているが、②を見た赤ちゃんは、驚いた顔(「あれっ? どうして?」という顔でじっと見つめている。つまり、赤ちゃんは実験者の「誤信念」に従って(ないはずのスイカがあると信じて)行為するものと想定しているので、②はその予想に反しており、その実験者の行為がおかしいと判断していたわけであるから、これは誤信念課題をパスしていることになる。

このオオニシ&バイラジョン実験は、発表後ただちに論争を巻き起こし、さまざまな再実験が重ねられたが、乳幼児に「人形劇」や「紙芝居」の物語で説明して、「言葉」で応答させるのでなく、目の前の実験者が実際にモノを移動させたり、モノの移動を見ていたり（見ていなかったり）の様子を目撃させて、そのときの「反応」を赤ちゃんの表情や身体の動きで判断する（中立な立場の複数の観察者の評価による）場合は、確実に、生後一四～一五ヵ月で「誤信念課題」はパスしていることが確かな事実であることが示された。

どうしてこのような違いとなったのだろうか。

私なりに解釈すると、こういうことである。「誤信念課題」の標準的実験状況（ウィマー&パーナー型実験）というのは、動物を実験室でさまざまなテストをさせ、その反応を測定して測定結果から動物の行動特性を客観的に調べるという「三人称的アプローチ」によるテストを乳幼児に適用したような実験であり、巧妙に仕組まれた「誤信念課題」という実験で「心の理論」獲得のテストの「反応」（正解か不正解か）を見る」という、これもまたいかにも「三人称的な見方」で捉えられていた。赤ちゃんの側でも、人形劇や紙芝居で示されると「マキシー君」という架空の人物がどのように行動するかを「客観的に」（つまり三人称的に）観察して、正確な（客観的に正しい）判断を下すかを、第三者（見知らぬ実験者）によって「評価」されるのである。そのとき聞かれた質問は、「遊びから帰ってきたマキシー君はチョコレートを求めてどちらの箱に行くか」というわけだが、三歳までの子どもは、マキシーは（今チョコレートがある）青い箱に行かなければチョコレートが食べられないから、チョコレートが今ある「青い箱」と答えるのである。それに対し五、六歳児は、これは何かこちらをヒッカケようとしている「テスト」なのだと了解して、「テストに合格するため」に、ヒッカケに引っかからないよう、慎重に考えて、「正解」を言おうとするのである。

ところが同じ「誤信念課題」でも、オオニシ＆バイラジョン実験の場合は、生後一五ヵ月の乳幼児でも、目の前にいる（なま身の、話しかけることのできる）実験者がやることを身近で「目撃」してそれに全身で「応答」しようとするのである。その人がわかっていることにもとづいて「正しい」箱に手を入れたときは、その人と一緒にスイカを見て、一緒に遊ぶ気になっている赤ちゃんは、「そうだよ、そのスイカで遊ぶんだよ」と見ており、驚いたりしない。また、スイカの引っ越しを見ていなかったその人が間違えたら、「あ〜あ、間違えてるけど、見てないからしかたないね」と同情する。ところが「見ていないから知らないはず」のことを、どこかでこっそり見ていたみたいに、「スイカが今あるところ」に手を入れたら、「あれ〜っ？　どうしてこの人わかったの？　何か変で、わかんない！」とイライラするのである。まさに、「共感できない」他者のように感じるのである。つまり、オオニシ＆バイラジョン実験の実験状況では、赤ちゃんは実験者を（自分とはかかわらない「三人称的」他者）と見ないで、目の前で自分とかかわっている「二人称的」他者と見ていたのではないか。実験そのものは、いかにも「三人称的」手続きを踏んではいるが、被験者（赤ちゃん）自身にとっては、「他人事ではない」出来事を目の前の人と「一緒に」目撃している、「二人称的関係」の中の出来事とみなしていたのではないか。

赤ちゃんは実験者を「二人称的に」見ている——新生児の舌出し模倣から

生まれてすぐの赤ちゃんが、のぞきこむ大人の「舌出し」を模倣することは当初、多くの人々に驚きをもたらした（Meltzoff and Moore 1977）。その後、生後平均三二時間（最短は四二分）で「舌出し」模倣が観察されたという報告もある（Meltzoff and Moore 1983, 1989）。しかし、そもそも、生まれた直後の赤ちゃんはなぜ「舌出し」を模倣するのだろうか。

まず注意していただきたいことは、赤ちゃんがモデル（大人）の舌出しを模倣する場合、模倣をする前にモデルの顔を数秒間、注意深く見つめることである。それから口をモゴモゴさせたあと、おもむろにニュッと舌を出すのである。ナジ&モナル（Nagy and Molner 2004）は赤ちゃんがモデルの模倣をしたあと、楽しそうに赤ちゃんを見つめると、赤ちゃんは少し間をおいて、こちらの舌出しを「誘発する」かのように舌出しをすることに気づき、それを実験的に確かめた。ナジらは、生後三〜五四時間の新生児を対象に、まずモデルの舌出しと赤ちゃんの模倣を数回やりとりしたあと、モデルは舌出しをしないで赤ちゃんをただニコニコ見つめる。すると赤ちゃんはしばらくモデルの顔をじっと見ているが、間をおいて、今度は自分から舌出しをしてみせる。ナジらはこの間の赤ちゃんの心拍数を調べたのである。当初の舌出しのやりとりをしているとき、赤ちゃんは舌を出すときに心拍数が高まるが、それは自分から舌出しをしようと努力することを示している。モデルが舌出しをするのを見ているときは、心拍数は「平常」である。ところが、モデルが舌出しをしないで、赤ちゃんの顔をただニコニコ見ているだけのとき、赤ちゃんの心拍数は平常より下がるのである。心拍数が下がるのは、何かに集中して、次の出来事を「待機」していることを示しているのである。つまり、赤ちゃんはモデルの側の「応答」を待っているのである。「応答」が得られないことがわかると、心拍数が上がり始め、今度は大人の舌出しを「誘発する」ために、自ら舌出しを始めるのである。

以上のプロセスを赤ちゃんになりかわって、赤ちゃんの側から解説するとこういうことである。

①　見知らぬおじさんが目の前で舌を出した。
②　この人はわたしに同じことをして返してくれと要求しているに違いない。
③　それでわたしも舌を出してお返しした。
④　今度はおじさんがわたしの舌出しにお返ししてくれると思って、待っていた。
⑤　なのに、じっと待っていてもちっとも返してくれないので、「舌出ししてよ！」と訴えて、今度はわたしの方から舌を出した。（「あなたも、ちゃんと舌を出しなさい！」）

これは驚くべき事実ではないだろうか。生後数時間の赤ちゃんが、「対話の順番取り（ターン・テイキング）」を心得ており、それを目の前の実験者に求めているのである。まさに、赤ちゃんにとって、実験者は「実験者」ではなく、二人称的な「あなた（YOU）」なのである。

「目は心の窓」——二人称的かかわりは「視線」理解から

「目は心の窓」（「目を見ればその人の本心がわかる」という意味のことわざ）は、もともと英語のことわざ、"The eyes are the window of the soul (or heart)."からのものだという。赤ちゃんが二人称的かかわりを発達させるのは、他者の視線を捉える見方が発達することでもある。視線をどう捉えるかが、他者の二人称理解を深めることになっていく。

それでは、乳幼児は他者の「視線」をどのような経緯で理解するようになるのだろうか。レディは乳幼児の「視線」意識の発達を表1のようにまとめている（佐伯訳 一四五ページ）。表に沿って説明していく。

まず、生後二～四ヵ月では、他者が自分を見てくれていることに気づき、応答として、微笑んだり、（視線をそらされると）嘆いたり、あえて無関心のふりをしたり、あるいは「恥ずかしがる」。これらの場合を通して、赤ちゃんは他者（相手）の視線を呼び寄せ、自分への注目を求める。生後三～五ヵ月になると、自分の相手である他者（たとえば母親）が、第三者（たとえば父親）の方を見たとき、その第三者に視線を移す。そして、視線を両者の間で行き来させる。生後四～七ヵ月では、近くにある目標物や他者の手の内にあるものに視線を投げかけ、他者がそれに視線を移すのに追従する。生後七～一〇ヵ月になると、自分でやる行為に他者の注目を集めようとする。他者がそれを見ると、時に嬉しそうになり、あるいはそれをわざと避けるような（隠すような）素振りも見せる。一種のおどけや見せびらかしをする。八～一一ヵ月では、自分の手の内にあるものを見せて、他者がそれを注目するのに追従し、それを差し出して与える。一二～一四ヵ月では、離れたところにあるものに他者が注目すると、それを自分も見ようとして視線を向ける。時に指差しをして自分が見ていることを示し、他者の注目を得ようとする。一五～二〇ヵ月で

表1　乳幼児の他者の注目対象の拡大と延長　　(Reddy 2008, p. 115)

月齢	他者の注目対象	乳幼児と他者の注目対象とのかかわり
2〜4ヵ月	自己	**応答**：微笑み，嘆き，無関心，および自己への注目に恥ずかしがる反応 **方向付け**：「呼び寄せ」，および自己への注目を求める
3〜5ヵ月	他者	**応答**：他者の第三者への注目に反応 **方向づけ**：二人の他者の間を行き来する注目の投げかけ
4〜7ヵ月	近くにある目標物，および他者の手の内のもの	**応答**：目の前の，近くの，もしくは他者の手の内の対象物への他者の視線を追従する **方向づけ**：これらの対象への注目の投げかけの証拠は未だない
7〜10ヵ月	自己の行為	**応答**：自己の行為への他者の注目に対する嬉しそうな，避けるような，あるいはあいまいな反応 **方向づけ**：自己の行為への他者の注目を得るためのおどけと見せびらかし
8〜11ヵ月	自分の手の内のもの	**応答**：自分の手にあるものへの他者の視線の追従？　この証拠は未だない **方向づけ**：ものを他者に差し出して与える
12〜14ヵ月	離れたところにあるもの	**応答**：他者のものへの視線に対する一層複雑な追従 **方向づけ**：離れたところのものへの指さし，掲示，引き寄せ
15〜20ヵ月	時間を超えた「対象」，および目に見えないもの	**応答**：語られた出来事への多様な情動反応；乳幼児の後ろにある目標物への視線追従 **方向づけ**：過去の出来事や未来の計画を語る：出来事を選んで報告，および，対象を選んで見せる

は、時間を超えたもの、あるいは出来事についての語りで、語られることへの多様な情動を示し、共感を誘う。自分の後ろにあるものを他者が見ると、振り返ってそれを視線追従する。過去の出来事や未来の計画を語り、それについて関心を引き寄せようとする。

他者の視点からの見え――「三つ山問題」実験

レディの観察の中で、特に注意したいのは、一二〜一四ヵ月の赤ちゃんが、離れたところ（場合によっては自分の後ろ）にあるモノを他者が見ているとき、その他者の視点から見えるモノを見ようとする（場合によっては振り返る）ということである。これは、他者の視点からは何が見えるかを、自分自身が見ているものとは別のものとして認識するということで、「他者の視点に立つ」ことを意味している。

発達心理学者のピアジェは、乳幼児（五歳未満）は基本的に「自己中心的」であって、他者の視点は取れないとしており、それを「実証」する実験として、いわゆる「三つ山問題」という課題の実験を行った。

「三つ山問題」というのは、図1にあるような三つの山の模型が子どもの目の前に置かれる。下の図は上の立体図を上から見下ろした平面図で、子どもはAの位置から「三つ山」を眺めている。実験者は人形を子どもから見て山の模型の左側（下の平面図のD）、右側（B）、正面（向かい側：C）に移動させ、それぞれの地点から見た場面がどれかについて、四種類の絵（四方のそれぞれからの見えのスケッチ）から選ばせるのである。四歳から一二歳までの子どもを対象に実験した結果、四、五歳児の場合は、まったく正答できず、すべて、自分の側からの見えになる絵を選ぶという。七〜一二歳の子どもの場合は、試行を繰り返すうちに次第に正答できるようになるという。この実験事実から、ピアジェは五歳未満の子どもは「自己中心的」で「他者の視点」を取ることができないのだと結論づけた（Piaget and Inhelder 1956）。

ところが、ボーク（Borke 1978）は、子どもがピアジェの「三つ山問題」に誤答するのは、何の変哲もない三つの山の風景が、見る場所によって変わることなどに、まったく何の関心も興味もわかないからではないかと考えた。さらに、似たような何枚かの絵の中のどれかを選べという作業の意味がわからない（つまり、「見えの違いだけであとは正確な絵」だとは思わず、「そっくりだが、どこかが違えて描かれた絵」ぐらいにしか理解せず、「どれかを選べ」と言われたら、一番無難な、「これなら間違いないだろう」という絵（今自分が見えているのと同じ絵）を選んでいるだけなのだ）。したがって、①風景が子どもに親しみがあるものにすること、②違うところから見ると違って見えるということに注意を向けること、そして③似たような絵の中から「正しい絵」を選ばせるのではなく「そこから見たらどう見えるか」を、自分の見えとして再構成させるという方法を考えた。このような実験の工夫は、実験者が被験者である幼児にとって何を見たいか――どういうことが見る価値があるか――を「幼児になって」想像し、その幼児に世界がどう見えているかを想像して、「本当に他者の視点が取れないのか」を調べようとした――つま

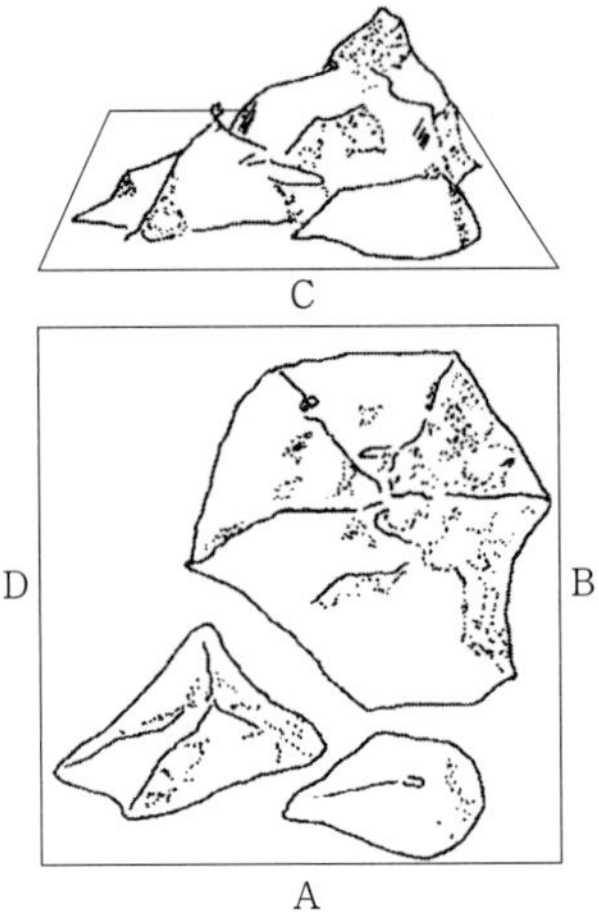

図1　「三つ山問題」
(Piaget and Inhelder 1957)

り、実験者が被験者＝幼児を「二人称的に」見て、実験状況を設定したのである。

　実際の実験に先だって次のような予備実験（練習）が行われた。まず、子どもは消防自動車の模型を目の前のテーブル上に置く（図2の「予備実験」）。さらに、同じ消防自動車をターンテーブルに載せて子どもの側に置く。さてそこで、セサミストリートに出てくる「グローバー」（キャラクター人形）を登場させ、「グローバー」に消防自動車のまわりをめぐらせるのである。右、正面の反対側、左と移動させながら、それぞれの地点で消防自動車を眺めるとどう見えるかについて、子どもは自分の手元にあるターンテーブル上の消防自動車を回転させて、その見えを再現するのである。間違った場合は、本人を「グローバー」の位置につれて行き、そこでの見えを脳裏に焼き付けて、自分の席でターンテーブルを回して再現させるのである。

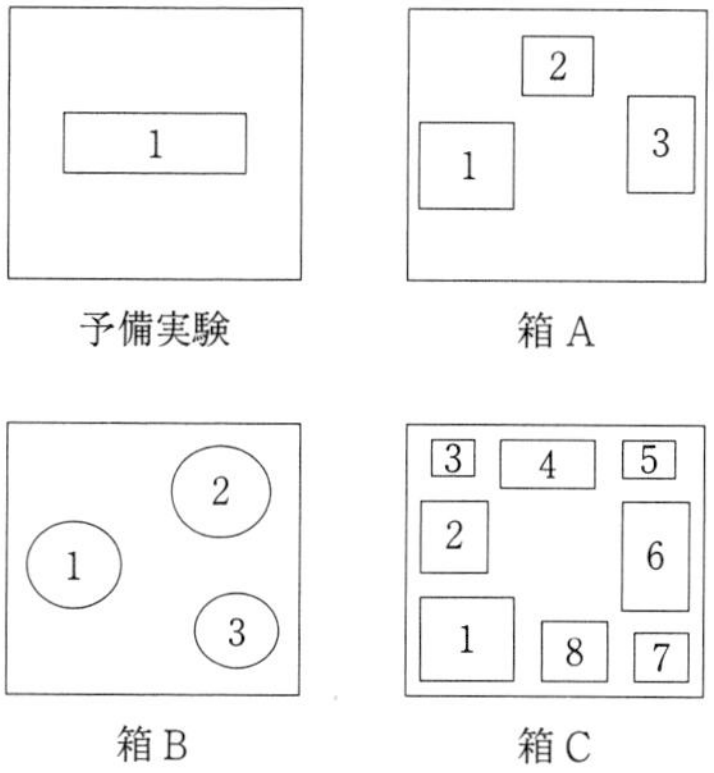

図2　ボークの実験（Borke 1978）

　本実験では、図2の箱Aのように三つの箱が用意された。箱Aで、①は帆船、②はミニチュアの馬と牛、③は家であった。箱Bはピアジェの「三つ山問題」と同じ。箱Cでは、①はカウボーイ、インディアンと木、②は湖で泳いでいるアヒル、③は風車、④はワゴンを引く牛、⑤は犬と犬小屋、⑥は家畜の入った納屋と百姓、⑦はにわとりに餌を与えている婦人、⑧はウサギと豚のいる豚小屋であった（箱の中の模型はすべて子どもたちが日頃から遊んでいるおもちゃであった）。それぞれの箱はすべてそっくり複製されたものがあり、各箱の実験試行のたびに、ターンテーブルに載せられた。そこで実験者は「グローバー」を箱の右、左、奥の正面と異なる地点に立たせ、子どもはそれぞれの地点での「グローバー」の見えを、ターンテーブルを回転させて自分の見えとして再現するのである。

被験者は三歳児と四歳児であった。三歳児も四歳児も、箱Aと箱Cに対しては八〇パーセント以上の正答率で正解できた。箱B（三つ山）については、三歳児は四二パーセント、四歳児は六七パーセントの正答率であった。つまり、ボークの仮説通り、親しみのある（また、探索甲斐のある）風景で、異なる地点からの見えを「正確に再現する」ようにすれば正答率は高まるのである。

ヒューズ（Hughes 1975）は、もっと単純な実験で、三～五歳児でも十分他者の視点からの見えが認識できることを示している。

予備実験では、子ども（三～五歳児）の前に、図3に示すような交差した壁の右側に「おまわりさん」の人形を配置して、観察者の分身になる「子ども」の人形をBやDの位置に置いて、「おまわりさんはこの子が見えるか」を尋ねた。さらに、AやCの位置に「子ども」を置いて、やはり「おまわりさんにこの子が見えるか」を尋ねた。間違えたら、「間違い」を指摘し、丁寧に観察し直させた。ほとんどの子どもが最初からまったく間違えず、すべてに正解した。

そこで、本実験として、図4のように、「おまわりさん」を二カ所に配置し、「どちらのおまわりさんからも見えないところはどこですか」と尋ねた。その結果、三歳半から五歳までの子ども三〇人のうち、九〇パーセントが正答した。そのなかで、最も年少であった一〇名の三歳九ヵ月児でも、八八パーセントが

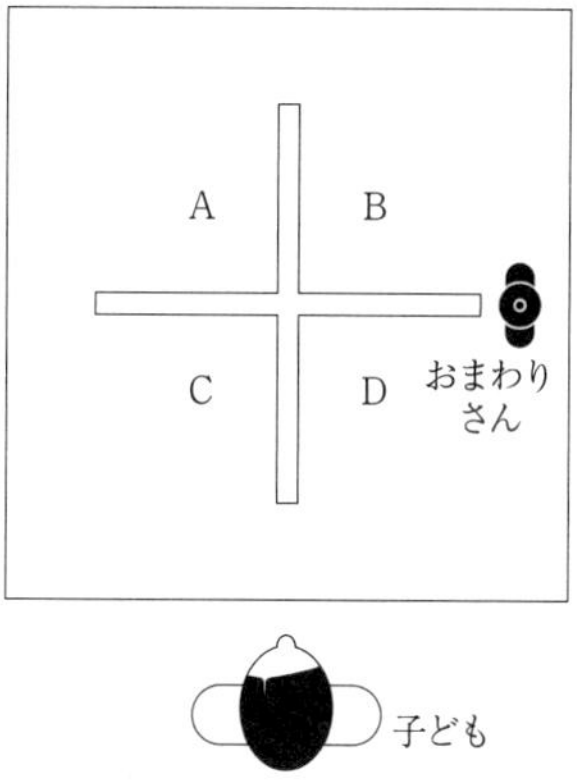

図3　ヒューズの予備実験
（Hughes 1975）

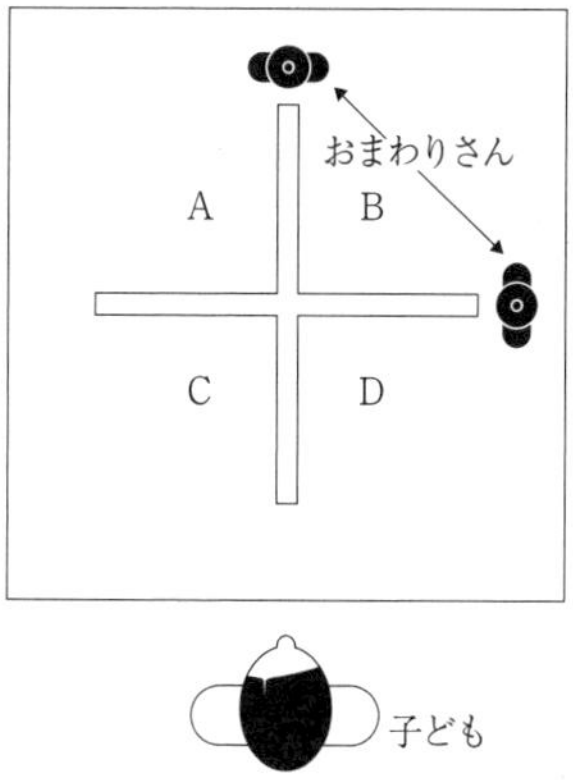

図4　ヒューズの本実験
（Hughes 1975）

正答したという。

　ヒューズの実験は、先のボークの実験よりも「見渡す世界」は単純だが、二人の「おまわりさん」から隠れることの判断を求めており、自分以外に取るべき他者の視点が複数存在しているが、幼児は何の問題もなく、それぞれの視点から何が見えるかを判断して、それを統合して、どの位置（C：正答）ならば、どちらからも隠れることができることを理解しているのである。

　この実験もまた、子どもが遊び（かくれんぼ）の中で「隠れたい」と思うことを、実験者が子どもの立場に身を置いて（二人称的に）想定して、実験状況を工夫することで、子どもの適切な判断力を導き出したのである。

赤ちゃんの「視線」理解発達のカギ――「共同注視」の重要性

　赤ちゃんがボークの実験やヒューズの実験のように、「他者の視点」からの見え（つまり、他者がどこから何に視線を向けて、何を捉えようとしているか）を的確に理解

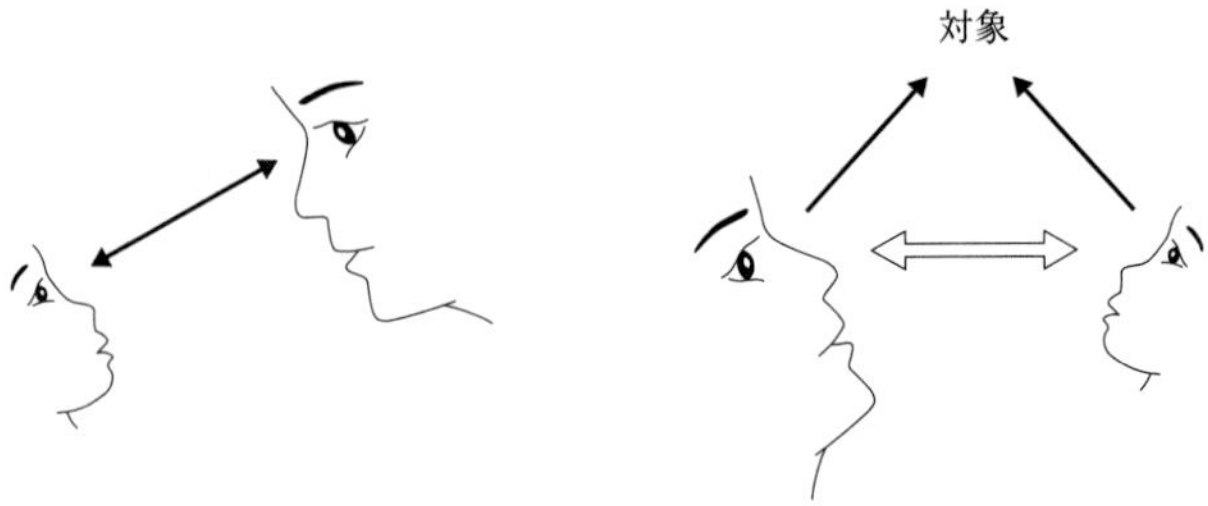

図5　視線発達の二段階［対面注視から共同注視へ］

できるようになるためには、先にあげたレディの視線発達の段階（表1）を着実に経験していくことが必要であることは明らかである。表1の段階を大きく特徴づけるとしたならば、「対面注視」から「共同注視」へと言えるのではないだろうか（図5）。

表1にあるように、対面注視は生後二〜四ヵ月で互いの注視を楽しみ、それを深めようとして働きかける。この段階こそ、「二人称的関係、YOU的関係」の基盤ができるのである。それがあってこそ、はじめて、それ以後の「三項関係」が成立し、他者の視線を追従し、他者が自分には見えないものが見えていることを理解する。共同注視関係では、同一の対象を互いが見ることで、見ている二人の間には「共感」が生まれ、「WE的（一人称複数）関係」が生まれていると考えられる。そこから、レディの表1にあるように、他者の視線の動きを追従したり、自分の視線の動きを他者にたどらせたりというような、親密な「かかわり合い」（二人称的関係）を深め、より豊かなものに発展させていくのである。

精神分析医の北山修（九州大学名誉教授）は、『浮世絵のなか

図6　『浮世絵のなかの子どもたち』（くもん出版 1993）

の子どもたち』（江戸子ども文化研究会編　くもん出版一九九三年）に出会って、浮世絵にはおびただしい数の母子関係が描かれていることを知り、詳しく調べてみたところ、母子が何かの対象を「共に眺めている」（共同注視）を描いている絵がきわめて多いことに気づいた（北山　二〇〇五）。図6は『浮世絵のなかの子どもたち』に掲載されている絵である。

北山によると、集めた二一三枚の母子像のうち、母子が身体を接触させて（例、図6の右絵）共同注視をしている母子像は一五・五パーセント、母子が身体的に離れて共同注視をしている母子像（例、図6の左絵）は一八・三パーセントであり、両者を合わせると、三三・八パーセントが共同注視を描いているとのことである（北山　二〇〇五、一八ページ）。

3　言語における「視線」理解

これまで見てきたように、赤ちゃんはつねに私たちと「かかわろう」としている。それは、ポランニーが真の科学的理解から遠ざけているとした「個人と切り離した《デタッチド》」見方、あるいはレディが自らを振り返ったときに気づいた従来心理学が「科学」の名の下に採用してきた「三人称的」な捉え方ではなく、まさに「個人的にかかわること《エンゲージメント》」を基盤とした、「二人称的」なかかわりである。幼児はそれを「学習」するのではなく、生まれた直後から、私たちとの「(二人称的な) かかわり」を求めている。そのことは、赤ちゃんが他者の視線を捉え、対面する他者が、どの視点からどこに視線を投げかけ、何を見ようとしているかを、三～四歳で的確に理解し、それによって、どういうことを「信じて」いるかについて、自分自身の信念とは明確に区別して理解しているのである。

このような他者の「視線」理解は、人と人が向き合って「対話」するというときに、聞き手・話し手の両方に (本来なら) 自ずから生じているはずのことであろう。そうだとしたならば、人と人が向き合って「対話」するときに交わされる言葉には、話し手の「視線」が、どこに向けられて、何を見ようとしているのかを的確に伝える「シカケ」が仕組まれているはずであり、聞き手 (ないし文の読み手) には、そのような視線構造を的確に把握する理解システムが備わっていると考えないではおかれないだろう。

言語理解における視点意識——久野暲の「視点」論より

言語学者の久野暲は、『談話の文法』（久野 一九七八）の第二章「視点」（一二七―一八二ページ）で、文に埋め込まれている視点（久野は「カメラ・アングル」とも言い換えている）の構造を分析している。久野は次のような例から分析する。

仮りにジョンとメアリーという夫妻がいて、ジョンがメアリーをなぐったとする。話し手は、この出来事を記述するのに、たとえば次の三つの文を用いることができる。

(1)
a Then, John hit Mary.
b Then, John hit his wife.
c Then, Mary's husband hit her.

この三つの文は、その論理的意味内容は同じである。すなわち、ジョンとメアリーが夫妻であり、（1a）が真であるような出来事があれば、（1b）、（1c）も真であり、また（1a）が偽であるような出来事・状態があれば（1b）、（1c）もまた偽である。この三つの文の違いは、カメラ・アングルの違い、即ち、話し手がどこにカメラを置いて、この出来事を描写しているかの問題にあると考えられる（久野 一九七八、一二九ページ）。

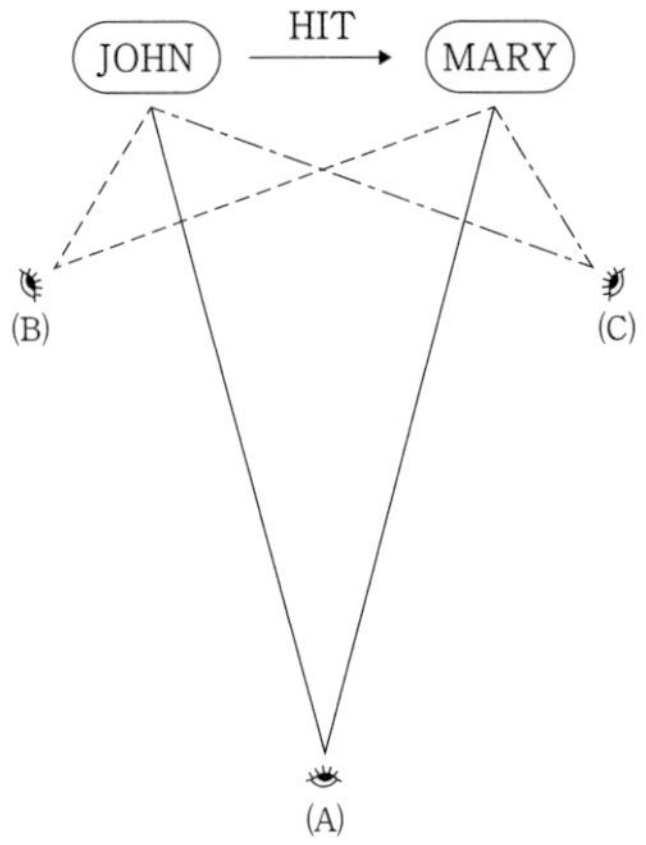

図7　文に埋め込まれた話し手の「カメラ・アングル」

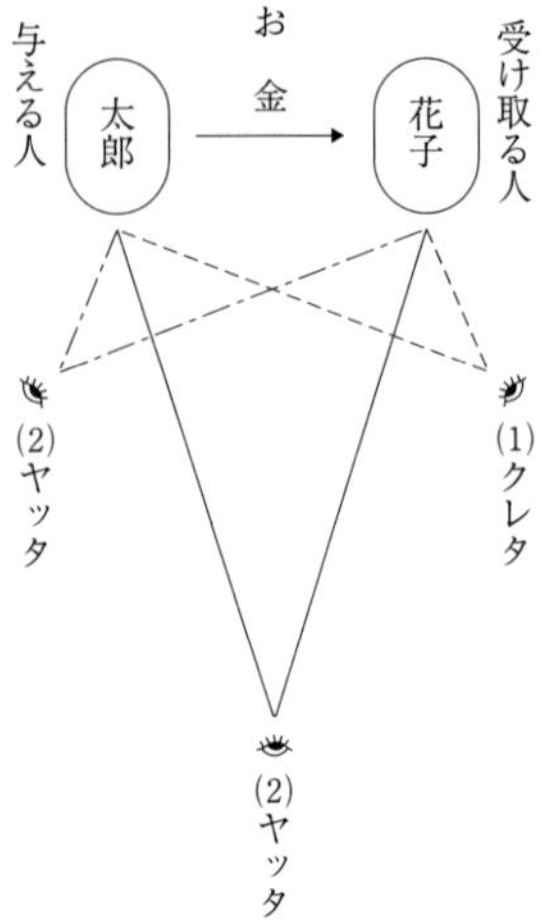

図8　「クレタ」と「ヤッタ」の言葉にもともと埋め込まれているカメラ・アングル
（久野 1978，142 ページ）

久野は、「ジョンがメアリーをなぐった」という出来事を記述する文における視点（カメラ・アングル）の違いを次のような図（図7）で示した。上記の（1a）はカメラの位置がAにあり、（1b）は、カメラの位置がBにあり、（1c）はカメラの位置がCにあるという。

久野は、日本語の場合、単語自体にカメラ・アングルがもともと仕組まれていることばがあるという。その例が「ヤル・クレル」である。

図8は、次の二つの文のカメラ・アングルの違いを示している。

(1)　太郎ガ花子ニオ金ヲクレタ。
(2)　太郎ガ花子ニオ金ヲヤッタ。

「どこに焦点を当てているか」――「は」と「が」の違い

久野は文の記述において話し手のカメラ・アングルがどこに置かれているかの違いを論じているが、カメラの位置が同じでも、カメラで何に焦点を当てるか、つまり焦点（フォーカス・ポイント）の違いが文の違いを生み出す。このことは、日本語の「は」と「が」の違いに現れている。

『日本人の脳に主語はいらない』や『日本語は論理的である』の著者である月本洋（月本 二〇〇八、二〇〇九）は、さまざまな日本語の「文法書」で、「は」と「が」の違いをどう説明しているかを調べたが、どうもスッキリ理解できなかったところ、外国人に日本語を教えるための参考書である松本節子・星野恵子著『日本語能力試験文法編3級』（UNICOM 二〇〇三）には、非常にわかりやすい説明があったことを発見したという。それはこういうことである。

「は」の文で大切なことは「は」の後にある。
「が」の文で大切なことは「が」の前にある。

たとえば、図8で、「太郎**ガ**花子ニオ金ヲクレタ。」という文は「クレタ」という動詞に注目すれば、カメラアングル(1)からの記述であるが、「太郎**ハ**花子ニオカネヲクレタ。」という文は、カメラアングルは「花子寄り」で同じである。しかし、「ガ」と「ハ」の違いに注目すると、焦点（フォーカス・ポイント）の違いに気づかれるであろう。「太郎**ガ**花子ニオ金ヲクレタ。」という場合、焦点は「太郎」にある。つまり、聞き手に「ああ、太郎さんですか、花子さんにお金をくれたのは。」ということで納得してもらう文である。それに対し、もとの文「太郎ハ花子ニオカネをクレタ。」では、「花子」ないし、「オ金ヲクレタ」に焦点がある。聴き手は、「花子さんにお金をくれたんですか、それはありがとう。」とか「花子さんに、(お花じゃなくて)お金をくれたんですね。」というような応答が期待される文である。

「は」はお膳立て(**舞台づくり**)(**?**)

ところで、さきほど、「「は」の文で大切なことは「は」の後にある」と述べたが、それでは「は」の前にあるのは何だろうか。よくある文法書では、「は」の前にあるのは「主題」だとしている。「これから語ることはコレコレについてである」という意味だという。「太郎は」といえば、「これから語ることは「太郎」についてである」という予告なのだと。「象ハ鼻ガ長イ」というのは、「象について語るとすると、「鼻が長い」ということが注目に値する(焦点を当てるべき)ことだ」という次第である。

ところで、「は」が出てくるまでに長い説明がなされる場合がある。たとえば、

「きのう学校で太郎が次郎をなぐったことを花子は知っている。」

という文では、「きのう学校で太郎が次郎をなぐったことを」までが、「花子は」の前にある。これ全部が「主題」だというのは無理があるのではないか。

私は、「は」の前にあるのは、これから焦点を当てるべきこと（花子が知っていること）を映し出す前に用意しておくべき「事前のお膳立て」（舞台づくり）だと考える。つまり、まず、「花子の頭の中」にカメラを据えて、そこで「きのう学校で（ほかでもない、あの）太郎が（なんと）次郎をなぐった」という事態（事件）をカメラに収録しておくのである。それだけのお膳立て（舞台づくり）を整えて、いよいよ、主人公の花子にカメラを向けて、彼女が「知っている」という事態（事件）を聞き手に報告するのである。そのような読み手の視線を強く意識した文に言い換えると、こうなる。

「きのう学校で、（あの）太郎が次郎をなぐったことを、（実は）花子は（とっくに）知っている。」

共同注視（WE関係）が前提

このように説明すると、一つの文を理解するためには、実に複雑なカメラワーク（カメラをどこに置いて何を撮影、もしくは収録するか、さらに、事前にカメラで収録したことを「お膳立て」にして用意しておくこと、など）が必要であり、なんだか途方に暮れてしまいそうになるかもしれない。しかし、考えていただきたい。道を歩いていたら突然、見ず知らずの人があなたに、「きのう学校で太郎が次郎をなぐったことを花子は知っている。」と話しかけられることがあるだろうか。もしそんなことがあれば、「えっ？なんですって？」「太郎がどうしたって？」「花子ってだれ？」と問わずにはおられないだろう。つまり、一つの文が語られるときは、その前に、話し手と聞き手の間で〈WE関係〉が成立して、関心事を共有するという共同注視が成立している、つまりそういう状況（舞台）が想定されているのである。たとえば、友人と「花子」のことをいろいろ話していて、「花子の頭の中」（花子が知っていること、花子が経験してきたこと）に友人とともに関心を共有しているときに、相手が「きのう学校で（あの）太郎が次郎をなぐったことを（実は）花子は知っている。」と言われれば、「ああ、そうなのか。それで納得したよ。」と即座に答えられるのである。つまり、一見単独の一文であっても、そういう対話的場面のなかの言葉（かかわることば）とみなすと、聞き手側がおのずと何らかの応答をしたくなる（かかわり返したくなる）ものなのである。

日本語の言語学でよく引用される文、「ボクハ、ウナギダ。」という文を、単独の一文として取り上げると、“I am an eel.”ということになって意味不明であり、それを言語学的に「ハ」や「ダ」の複雑な使い方をルールとしていろいろ特徴づける研究もあるようだが、それについてはここでは触れない。ごく普通に考えて、この文が語られる談話状況を想像すれば、話し手、聞き手がレストランか料理屋で何を注文するかを話し合っている場面が思い浮かぶだろう。「ワタシハ、テンドンニスルワ。」「ボクハ　ウナギダ。」という会話はごく自然である。ちょっと想像すると、この一言はさらなる言葉（「オッ、キミハ、カネモチナンダ。」とか）が想像できる。

こう考えると、「言葉を理解する」ということは、「言葉」そのものがどのような構造を持っているかとか、どのような規則や理論で構成されているかを理解するよりも、どのような状況（場面、舞台）で、どのような関心事をもって、誰が誰に語るのかという、まさに「談話状況」のイマジネーションを共有することが重要だということになる。

このことを、冒頭で紹介したM・ポランニーの『個人的知識』論にもどすと、文の理解というのは、ポランニーのいう「個別的なもの」である「語」に注目するのではなく、「辻褄のあるまとまり（ゲシュタルト）」（談話状況）を把握して、それに従属するものとして、その全体的な枠組みを理解する（聞き手の）身体の延長ないし道具とみなすべきだということになる。文の意味はその結果、自然に立ち現れてくるものである。

4　「かかわることば」と「かかわらない言葉」

かかわらない言葉——科学論文の語り口

言葉というのは、もともとが「対話関係」の中で生まれたはずのものである。したがって、話し手と聞き手が互いに相手の視線を意識し、対象をどこから見て、どこに焦点を当てているかを示し合い、同じものを「共に」見るという共同注視を構成しようとするものであるはずである。ここまで見てきたように、言語には世界をどの視点から何をどう見ているかについて、その視点構造を巧みに織り込んで、聞き手の視点を誘導するシカケを組み込むことができる。そう考えると、言語は、もともと二人称的関係（共同注視的関係）を前提としており、個人と「切り離した《デタッチド》」ものではないはずである。

しかし、一方で、言語は「文字使用」で発達してきたものと考えることもできる。そして「文字」というのは、もともとは「記録」のために発明され、膨大な記録を「残す」ために使用されてきた。そのような「記録」では、「特定の視点からの見え」が特定できないような捉え方が尊重される。誰からの視点でもない「中立的」な観点、あるいはあらゆるものを「平等」に、「公正」に扱う語り口で語ることが望まれるのである。このような語り口は、今日では科学論文ではそれが必須の条件とされている。学術論文では「一人称」での記述は禁じられている。もちろん、「二人称」で語りかけてはならない。このような記述文を想定して語れば、それは当然、「個人と分離した」、「三人称的」語り口にならざるを得ない。そうなると、「科学的探究」自体が、三人称的なものとなり、まさに「第三者的」に、物事を「観察する」という姿勢で探究が進められる。本来、人の「心」を扱う心理学が、そのような「観察眼」で赤ちゃんや子どもを実験台に載せて、「どう刺激するとどういう反応が見られたか」だけに関心をもてば、赤ちゃんや子どもが、世界を「三人称的に」捉えることを「知能」だとみなす考え方になるのも当然である。

「かかわらない言葉」から「かかわることば」へ

発達心理学の領域では、レディが『驚くべき乳幼児の心の世界――「二人称的アプローチ」から見えてくること』(*How Infants Know Minds*)で、乳幼児研究に「二人称的アプローチ (a second-person approach)」がいかに重要であるか、つまり研究者が赤ちゃんを二人称的に見ることで、赤ちゃんが私たちと二人称的にかかわっている豊かな姿が明らかになることを示したが、実は、このような研究はJ・ダンが一九八八年に先駆的研究として発表している (Dunn 1988)。ダンは、もともと家庭内での兄弟関係についての調査のために多くの家庭を訪問していたが、調査内容よりも、それらの家庭の中でのなにげなく目にした赤ちゃんの素振りに興味をもった。たとえば、次のような事例である。

ダンの事例【生後一八ヵ月】
赤ちゃんは前日ケガをしたので、おでこに縫い目がある。観察中に、赤ちゃんはその縫い目を「発見」し、そこを引っ張ろうとする。母親がそれを制して、気を紛らせようとする。しばらくして、赤ちゃんは縫い目にちょっと触れ、そこで止める。三分後、長椅子の後ろに行き、母親の目に隠れて縫い目を引っ張る。(Dunn 1988, pp. 19–20)

生後一八ヵ月と言えば、当時（オオニシ&バイラジョン実験以前）の「常識」では、赤ちゃんが他者の「心」はまったく理解できないはずの年齢である。しかし、ダンは、赤ちゃんが「母親には見えない」長椅子の後ろに隠れて、「禁じられている」おでこの縫い目いじりをこっそりしていたわけだから、母親がそれを「知らない」(赤ちゃん本人の信念と異なる信念をもっている) ことは、当然のこととして理解しているのである。生後一八ヵ月の赤ちゃんでも、親や観察者が何を赤ちゃんに期待しているかという、大人のまなざしを感じながら、それをあえて「違反する」ことに、後ろめたさを感じつつ、彼女らの視線がとどかない「見えないところ」でやる、というわけで、赤ちゃんには社会的な判断、道徳感覚、「恥」といった人間的情緒、などの「人間らしさ」を、生後一八ヵ月でもみごとにあらわしていることを報告しているのである。
このような赤ちゃん研究は、実験室での「反応」をもとに背後の理論を探究する三人称的アプローチからはまったく想像もできない。
このような研究での記述は、学術論文に掲載されるかぎりでは、一見、三人称的に事実を淡々と他人事のように（否、他人事として）述べることが慣例となっているが、読み手の視線を想像して、それをどのように誘導して、語りたい大切な焦点にスポットライトを当てるのだと意識すれば、書き手の「思い入れ」、「驚き」、「感動」、ときに「怒り」や「嘆き」が、読み手に伝わるような文であらわすことは可能なのである。これこそ、（一見）「かかわらない言葉」を（切々と訴え、語りかける）「かかわることば」に言い換えることである。

「二人称科学」の幕開け（？）

二〇一三年の『行動・脳科学 *Behavioral and Brain Science*』誌に、衝撃的な論文が掲載された。題名は"Toward a second-person neuroscience"で、あえて訳せば、「二人称的神経科学へ向けて」である（Schilbach et al. 2013）。論文の冒頭では、従来の神経科学が「単体」の脳を、「傍観者（spectator）」の立場から観察・実験をして理論づけようとしてきたが、人間の脳はもともと他者と「かかわる」ようにできており、他者との「かかわり」で驚くべき機能を発揮するものであるから、「他者とかかわっている」状態の脳科学研究こそが必要だとしている。

そのような脳科学研究のために、人が他者と対面したときに、他者の目や他者の視線をどのように感じ取っているかを調べるべきだとして、fMRIの中の被験者に、自らを他者と対面している立場にあることを映像で示した。(図9)

図9(a)では自分の横の左右に他者がいる状態で誰かと対面していることを想定させる映像である。図9(b)は、その対面者が正面にいる自分を見ていると想定させる映像であり、図(c)は自分の横にいる人を見ていると想定させる映像である。(d)は対面する他者が自分の方を見ていると想定したときの脳の活性状態、(e)は自分の横にいる人を見ていると想定したときの脳活動であり、(f)は対面者が誰も見ていないで立っているだけと想定したときの脳活動を示している。私には専門的な説明はわからないのだが、自分の方を見ていると想定しただけで、情動的反応が喚起し、他者に働きかける準備(運動始発の用意)が生まれてくるとのことである。

図10はfMRIの中で「共同注視」状況を作り出す実験を説明したものである。二人の被験者が同時に別々のfMRIの中にいるのだが、それぞれのfMRIの中で「相手の目」が映し出されている。「相手の目」の下に二つの小さなランプ(赤と青)があり、それぞれに、「相手が見ているランプ(たとえば赤)と同じランプを見てください」と指示したり、「相手が見ているランプと違うランプ(たとえば青)を見てください」と指示するのである。このようにして、「相手が自分と同じものを見ている」ことが「相手の目の動き(視線の方向)」から直接知覚できる状態で、共同注視のときの脳活動がわかるようになっているのである。

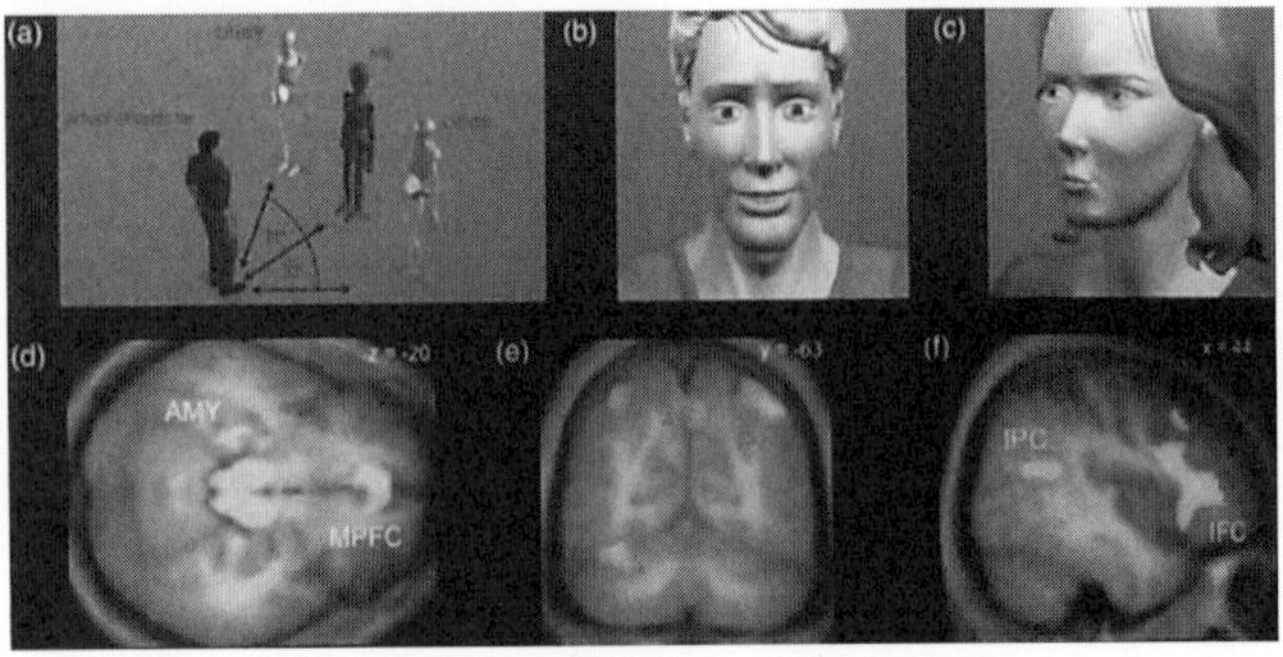

図 9　「自分が他者と対面している」場面を想像させる．
(Schilbach et al. 2013)

図 10　fMRI の中で，もう一人の被験者の「目」が映し出され，「共同注視」かそうでないかの状況での脳活動を見る．
(Schilbach et al. 2013)

このような実験状況が工夫されることで、人が他者と実際に対面したり、共同注視しているような状況で、どのような脳活動が生み出されているかが詳細に解析できるようになってきているのである。

やっと、本当に他者と「かかわること《エンゲージメント》」の科学、「二人称科学」が動き出したように思われる。

参考文献

江戸こども文化研究会（編）（一九九三）『浮世絵のなかの子どもたち』くもん出版

北山修（編）（二〇〇五）『共視論――母子像の心理学』講談社

久野暲（一九七八）『談話の文法』大修館書店

月本洋（二〇〇八）『日本人の脳に主語はいらない』講談社

月本洋（二〇〇九）『日本語は論理的である』講談社

松本節子・星野恵子（二〇〇三）『日本語能力試験文法編３級』ＵＮＩＣＯＭ

Borke, H. (1978) Piaget's view of social interaction and the theoretical construct of empathy. In S. Siegel, and C. S. Brainerd (Eds.) *Alternatives to Piaget: Critical Essays on the Theory*. Academic Press.

Doherty, M. J. (2009) *Theory of Mind: How Children Understand Others' Thoughts and Feelings*. Psychology Press.

Dunn, J. (1988) *The Beginnings of Social Understanding*. Basil Blackwell.

Hughes, M. (1975) Egocentrism in pre-school children. Unpublished doctoral dissertation. (Cited in M. Donaldson, *Children's Minds*. Harper Prennial, 2006, pp. 20–23.)

Meltzoff, A. and Moore, M. (1977) Imitation of facial and manual gestures by human neonates. *Science*, 1977, 198, 75–

78.
Meltzoff, A. and Moore, M. (1983) Newborn infants imitate adult facial gestures. *Child Development,* 54, 702–709.
Meltzoff, A. and Moore, M. (1989) Imitation in newborn infants: Exploring the range of gestures imitated and the underlying mechanisms. *Developmental Psychology,* 25, 954–962.
Nagy, E. and Molner, P. (2004) Homo imitans or homo provocans? Human imprinting model of neonatal imitation. *Infant Behaviour and Development,* 27, 54–63.
Onishi, K. H. and Baillargeon, R. (2005) Do 15-month-old infants understand false beliefs? *Science,* 308, 255–258.
Piaget, J. and Inhelder, B. (1956) *The Child's Conception of Space*. Routledge and Kagan Paul.
Polanyi, M. (1962) *Personal Knowledge: Towards a Post-Critical Philosophy*. The Univerisity of Chicago Press, 1962. (邦訳、M・ポランニー著・長尾史郎訳『個人的知識——脱批判哲学をめざして』ハーベスト社、一九八五年)
Premack, D. and Woodruff, G. (1978) Does the chimpanzee have a theory of mind? *Behavioral and Brain Sciences,* 1 (4), 515–526.
Reddy, V. (2008) *How Infants Know Minds*. Harvard University Press. (邦訳、V・レディ著・佐伯胖訳『驚くべき乳幼児の心の世界——「二人称的アプローチ」から見えてくること』ミネルヴァ書房、二〇一五年)
Schilbach, L., Timmermans, B., Reddy, V., Costall, A., Bente, G., Schlicht, T., and Vogeley, K. (2013) Toward a second-person neuroscience. *Behavioral and Brain Sciences,* 36, 393–462.
Wellman, H. M., Cross, D., and Watson, J. (2001) Meta-analysis of theory-of-mind development: The truth about false belief. *Child Development,* 72, 655–684.
Wimmer, H., and Perner, J. (1983) Beliefs about beliefs: Representation and constraining function of wrong beliefs in

young children's understanding of deception. *Cognition*, 13, 103–128.

II部 ことば(を使う)とは、どういうことか?

2章　絵の中で豊かにしゃべり始めた子どもの「ことば」

刑部育子

本章は前章の佐伯による「かかわることば・かかわらない言葉」の講演を実際にプリンストン大学で聴いた一人として、幼児教育と発達心理学が専門の立場から、その後、子どもの絵の事例を通して考えたことを論ずることとする。本書のテーマは「ことば」の話なのに、なぜ本章は「絵」の話になるのだろうかと不思議に思う人もいるかもしれない。本章では、子どもの絵という「ことば」を考察するに至った背景を含めながら、われわれの言語観を問い直してみたい。

プリンストン大学日本語教育フォーラム二〇一四で起きたこと

筆者は恩師の佐伯胖先生をプリンストン大学日本語教育フォーラム二〇一四における基調講演につないだご縁で、初めてプリンストン大学を訪れ、このフォーラムに参加した。このフォーラムに参加する前の筆者は、日本語教育や言語教育は専門外という意識もあり、まるでよそからのお客様のように会場に座っていた。佐伯先生の講演はいつ聴いても、つねに斬新で大変な勢いで進化していくので毎度驚かされてばかりいるが、このフォーラムの基調講演「かかわることば、かかわらない言葉」は、その中でも歴史に残る本当にすばらしい講演であった。実際にプリンストン大学の会場でそれを聴くことができただけでも幸せで、気持ちが高ぶっていたが、それ以上のことがこの会場で起きていた。それは、講演を聴いていた会場の参加者たちの希望に満ちた興奮と熱気であり、講演後の感極まる雰囲気である。日本語教育、言語教育に今までにない新たな可能性が開かれようとしている瞬間に立ち会っているようだった。この熱い雰囲気の中で、筆者自身もまた、他の参加者とともに共感し、もう部外者とか専門外から眺めている人とは言っていられなくなってしまった。まさに筆者自身がこのとき言語教育という世界に開かれていったのかもしれない。

いったんこのような新しい世界を経験したあとは、いろいろなものが「かかわることば」だったり、「かかわらない言葉」に見え始めてくるのだった。そんなある日、幼稚園の子どもの絵の話を聴いていると、その絵がまるで「かかわることば」を発しているように見え始めてきたのである。以前から、筆者は前章の佐伯が注目しているように、発達心理学者のレディ（二〇一五）による「かかわり（engagement）」を軸にした新たな発達心理学の理論に着目をしていたが、「かかわり」を軸に子どもが描く絵に改めて出会い直してみると、その絵が前章の佐伯が論じた「かかわることば」に聴こえはじめ、これは言語教育の話とも関係する話にならざるをえないことを感じ始めたのである。言語教育は専門外だからと「自分と切り離された《デタッチド》」ものとしてしかとらえてこなかった筆者が、まさに言語を問い直し、「かかわり」

始めたのが本章の考察である。

こびりついた「言葉」のイメージからの脱却

「言葉」といったとき、「言葉」に該当するものは文字（識字）とか話言葉に限定されたイメージをもつ人も多いのではないだろうか。筆者のような言語教育が専門でない素人の言語観は、自身が受けた学校教育の経験に大きく依存している。筆者にとって言語教育といえば、中学校や高校で行われた英語の授業のイメージが根底にある。繰り返し練習することで獲得する英語の発音や綴り、母国語では意識しなかった文法の獲得などである。日本に住んでいれば日常の生活の中では必要のない新しい第二言語としての英語の習得が、筆者にとっては言語教育を考える上での強烈な経験となっている。

具体的に筆者の学生時代（一九八〇年代）の学校の英語教育がどういうものであったのかを少し話そう。筆者の経験した英語の授業とは、教室に誰も英語を母国語とした人がいない中で、仮想の文脈で話された英会話を、母国語の人が正しく発音して読みあげる声が収録されたテープを何度も再生して繰り返し聴くという実践が行われていた。テープはまさに「かかわらない言葉」を誰に向かうでもなく発していたのである。小さいころに英語が話せなくてもアメリカ人の同じ年の子どもと遊んでいたときには、何の不自由も感じずに遊んでいた。ところが、学校で学ぶ英語は他者とかかわる前に、綴りの正確さ、正しい発音が要求される。英語を学ぼうとすることが楽しいと感じたことがない。このような経験から筆者はずっと言葉に対する苦手意識を持ち続けることとなった。

おそらく、言語教育が専門のこの本の他の著者たちは、英語や第二言語を「かかわらない言葉」として学んでいる人たちではないと思われる。言語に関心をもち、「かかわることば」として学んできたからこそ、それを専門とし追究している研究者だと思われる。しかし、本当の意味で言語教育を考えるのなら、多くの人たちが英語を「かかわらない言葉」の習得として学んできたこと、それに対し、真の意味で「かかわることば」は何なのか、どのようにして「かかわることば」が生まれるのか問い直さなければならない。

1 「百のことば」という言語観

言葉（言語）への苦手意識をもつ筆者にとって、「言葉」のイメージを大きく覆してくれたのは、レッジョ・エミリア市の幼児学校が試みた「百のことば（the 100 languages）」展である。レッジョ・エミリア市の幼児教育の思想を創ったローリス・マラグッチの言葉に「百のことば」が示す言語観が表れている（Malaguzzi 2011）。この言語観の変革は、筆者の「言葉」に対するこびりついたイメージに新たな息吹を与え、「かかわることば」とは何かを考える勇気を与えてくれる。以下で、「百のことば」という言語観がどのようなものなのかをマラグッチの詩をかりて紹介しよう。

子どもたちの百のことば
――とんでもない、百はちゃんとある

ローリス・マラグッチ

子どもは
百のもので作られている。
子どもは
百のことばをもっている。
百の手と
百の考えをもち
遊んだり話したりすることに
百通り考え出す。
百通りはいつも
聴き入ること、感嘆すること、
そして、愛することにある。
さらに
百の世界を歌うことと理解することに
百の喜びを感じるが
それは
百の世界の発見と、
夢見る百の世界の創造を生み出す。

子どもは
百のことばを持っていても
（実際にはさらにその百倍もその百倍も、そのまた百倍もだが）
人々はその九十九を奪う。
学校の文化は
頭をからだから切り離す。
そして、子どもにこう教える――
手を使わないで考えなさい。
頭を使わないで行動しなさい。
人の話をちゃんと聴き
楽しまないで理解しなさい。

そして
愛したり感嘆したりするのは
復活祭とクリスマスのときだけにしなさい。
学校の文化は子どもにこう教える——
すでにあるものとして世界を発見しなさい。
人々は子どもたちにこういう——
すでにそこにあり
その九十九を奪われている百の世界を
「発見」しなさい。

人々は子どもにこうも教える——
仕事と遊び
現実とファンタジー
科学と想像
空と大地
理論づけと夢は
それぞれが別々で
一緒になることはない、と。
そして、彼らは子どもたちに
百のものなんてない、と。
ところが子どもたちはいう——
そんなことはない。
そういう百は、
ちゃんとそこにある、と。

（Malaguzzi 2011 英語版より佐伯胖訳）

「子どもの一〇〇のうちの九九の言葉（languages）が奪われている」というマラグッチの教育に対する警告は痛烈である。この詩は、私たち大人が子どもたちの言葉のうちの一つしか言葉だと思って見てこなかったことへの批判である。多様な考えを尊重し、移民を多く受け入れてきたレッジョ・エミリア市の幼児教育の思想は、一人一人が尊重され、市民としてともに生きる社会を創り、それぞれの文化や歴史を大切にする。幼児学校でその哲学は実践されている。それぞれの子どもたちが話す母国語、文化が大切にされている。

このような思想は、他にも表れている。ユニークなこととして、レッジョ・エミリア市立の全ての幼児学校の中に、一人の教師と同じくアトリエリスタ（美術大卒の芸術専門家）を正式に配置し、アトリエの言語に敏感である。アトリエリスタは異なる多様な言語をもっている人として、教育に重要な役割を果たすと考えられている。アトリエリスタはアトリエにいる人という意味でアトリエリスタといい、アーティーチャー（美術を教える教師）ではないという。物理学者が幼児学校に入るのも歓迎される。物理の言語を知っている人がいれば、物理的な関心を示す幼児とともに世界にかかわることができるからだ。多様な人がいれば、それだけ多様な豊かな方法で世界を見ることができると考えられている。「百のことば」というメッセージは、いわゆる狭い意味での「言葉」しかイメージのなかった筆者の言語観を大きく変えてくれた。

「百のことば」観は、筆者のものの見方を豊かにし、視野を広げてくれた。レッジョ・エミリア市の幼児学校の子どもたちが石を並べている姿の見方も変わった。最初はどうしてこんなにゆっくり時間をかけて丁寧に石を並べるのだろうかと不思議だった（日本の子どもが石を雑に扱う感じとは全く異なるのである）。しかし、「百のことば」の言語観が意味するところを味わい続けていると、子どもが丁寧に石を並べていた跡に、石の大小に文法のようなリズムが存在し、その配列には秩序があり、「ことば」を発しているように見えてきたのである。また、スーパーマーケットを描いた子どもの絵からは、スーパーマーケットの中にたくさんの食べ物が並べられ、そこから欲しいものを選択し、かごの中に入れてレジでかごに入れられたものの価格の合計が計算されていく仕組みを辿っている思考（モノとの対話）の跡がわかる。マラグッチが述べたように、あとの九九の言葉に耳を傾けてみると、絵からも子どもがさまざまに考えをめぐらした軌跡が見えてくるのである。このように、「百のことば」観から言葉を改めて見てみると、文字や話言葉にとどまらず、絵や音、身体の動き、モノ、……あらゆるものが「かかわることば」として見えてきたのである。

2　子どもの絵に注目する

本章では、絵の中で豊かにしゃべり始めた子どもの事例に注目して考察する。ここでいう「ことば」とは、「百のことば」観にも示されているように、絵という「ことば」への着目である。

A子の絵がおもしろい！

あるとき、大学院生Mさんの記録した子どもの絵や文字の中に、A子の絵があった。それを見た瞬間、私は「おもしろい！」と感心した。私が興味をもった二つの絵は、次のようなものだった。一つ目の絵は、人の顔を前から見た姿と後ろから見た頭の姿がセットで並べて描かれていたものだった（作品1）。前から見た顔は、幼児ならよく描く絵なので驚かない。しかし、後ろ姿を前向きの姿とセットで描くというのは見たことがない。しかも、後ろの頭の絵は、女の子が髪を二つに結わいたときにできる髪の分け目まで

作品1　「前と後ろ」
（A子　4歳児2月中旬）

作品2　「鏡に映る女の子」
（A子　4歳児2月中旬）

克明に描かれている。そのことを意識して、もう一度前から見た絵を見ると、確かに描かれた女の子は髪を二つに結わいているので前と後ろが一致する。後ろから見た姿を描くというのは、よほどよく見てよく考えないと描けない。頭の中で視点を移動させて何度も見て考えながらA子が描いたものと思われる。

もう一つの絵は、鏡に映った女の子の横姿だった（作品2）。髪の毛を結わいている姿といいA子によく似ている。おそらくA子自身を描いたものと思われた。「見る」と「見られる」という二重の経験をこの絵が表現していることが感じられた。前と後ろの姿がセットになった絵、そして鏡に映る女の子のこの二つの絵は、発達心理学が専門である筆者としては興味深かった。前者の後ろ姿の絵とは、まさに他の人から見た自分の後ろ姿でもあるかもしれない。つまり、「他者からどのように自分が見えているのかを自分が見ている」という「見る」と「見られる」という二重の経験をこの絵が表現している。後者の鏡の絵は、鏡を見つめている自分と鏡に映る自分が他者からどのように見られる自分となるかを表しているともいえる。

発達心理学者レディ（二〇一五）は、鏡を見るときというのは自分自身を見るのではなく、想像の中で話しかけている人を見ているのであり、他者と自分を、他者の目を通して見ているように見ているのだと述べている。「見ている経験」は「見られている自分」の存在を意識することへの気づきをもたらすと言及している。これらの絵を描いた子どもはどのような子なのだろうか、と興味が湧いた。

鏡に映るA子の絵

鏡に映るA子の絵に、担任のA教師も注目していた。教師はこの絵を最初に見たとき、横向きの姿を描くなんて珍しいな、と思ったと言う（四歳の子どもが横向きの姿を絵に描くというのは珍しいということである）。鏡に映るA子は、すっとした立ち姿でほほ笑んでいた。紫のスカートを履いてもの静かに立っている絵に見えた。からだがストンと寸胴だったからそのように見えたのかもしれない。この段階で教師がA子の絵がおもしろいと感じて見入ると、A子はそこに鏡をあとから描き加えたという。その絵をよく見ると、絵の中の立っている女の子は、小さなピンクのバッグを手に持ち、ピンクのかわいらしい靴を履いている。おしゃれをしてこれからお出かけをする前のように見える。この絵では、鏡に映る女の子より、鏡を見ている女の子が際立っている。

絵を描くことを通してA子は世界と豊かに「かかわっている」

その後、筆者がA子の絵に興味をもったことを知ると、A子の担任の教師はA子の絵をいろいろと見せて下さった。絵を見ると、A子独自の視点で世界と「かかわっていること《エンゲージメント》」が筆者には見えてくるようだった。一方で、幼稚園の園内研究会で語られるA子の印象は、絵からの印象と対照的だった。幼稚園の教師たちによれば、A子は静かな感じの子どもだった。幼稚園の生活の中でのからだの動きは平坦な感じで、動いている感じがしないという印象を当初、教師たちはもっていた。ところが、A子の絵をきっかけに、A子独自の世界に教師が触れるにつれて、教師たちのA子に対する印象が変わってきたのだ。からだが動いていることと心が動いているというのは別々なことではないとすれば、A子の心は確かに動いていると教師たちも思い始めた。A子に関心をもってA子に意識的に教師が関わり始めると、A子の絵はますますにぎやかにしゃべり始める絵に変化した。

A子の小さな石の絵が青い箱の中で輝く

A子は毎日、絵を丁寧に描いて一日の多くを過ごしていた。ある日、筆者が幼稚園を訪れると、A子は小さな石の上にライオンやウサギなどの動物を描いていた。一つの石に一つの動物を描くと次の石に他の動物を描く。小さな石に絵を描くというのは、とても集中力がいることであり、時間をかけてていねいに緻密に描かれていることがよくわかった。いくつも描いたところで、その様子を見ていた教師が細かい仕切りのある青い箱をA子のところに持ってきた。仕切りの大きさが石とぴったりだった。青い箱の仕切りに一つ一つの石を入れると、まるで宝石箱のようにそれぞれの石が輝き始めた（作品3）。周りにいた子どもたちもあまりの美しさに、誰も気軽に「ちょうだい」とは言わなかった。A子はこの日、友だちから

作品3　宝石箱の石たち
（A子 5歳児5月中旬）

他の遊びに誘われても、私はこれをしているからと言って大切そうに箱を持っていた。園庭に出て青い箱の仕切りにちょうどいい大きさの石を見つけては、保育室に戻り動物の絵を描き続けた。筆者が幼稚園を去ったあともこの活動は続き、青い箱にも収まらずにもっと大きな箱が必要になるほど、A子はたくさんの石に絵を描き続けた。

教師がA子に仕切りのついた箱を持ってきた行為には、A子の描いた一つ一つの石を大切に思う教師の「かかわり」が表れている。それは素敵な絵に額縁をつけてさらなる価値あるものとして絵を尊敬するのと同じである。教師は毎日、たくさん描かれていくA子の絵に、額縁に見立てるようなマスキングテープを施したり、箱を用意したりと、A子の絵を大切に思い、かかわった。

友だちとかかわり、A子が怒っているところをマンガで描く

A子が石の絵を描いてから一週間後、再び筆者は幼稚園に行く機会があった。担任のA教師が、A子が漫画を描いていると筆者に教えてくれた。そしてA子自身が筆者のところに描いた漫画を持ってきて見せてくれた。そこに描かれていたものは、今日の友だちとの間に起きた出来事で、A子が怒っている姿が表情豊かに描かれているのだった。その漫画は本仕立てになっており、表紙には「きょうのまんが」、「いけないことだよ」というタイトルがついていた（作品4—1）。物静かに見えるA子が「いけないことだよ」という主張するようなタイトルをつけたことに筆者は少々驚き、A子の意外な面を発見したようでおもしろいと思った。漫画は八コマで仕切りがあって構成されていて、内容は次のようなものだった（作品4—2）。

いつも物静かな表情のA子だが、漫画の中では友だちに主張したり、それに対し怒ったり、表情豊かにしゃべっている。漫画の中に複数の子どもたちが登場していること、その中にしっかりとA子が存在していること、A子がA子なりのかかわり方で友だちとも情感豊かに関わっていることが表現されている。絵の中で表情豊かにしゃべり始めた子どものことばが感じられる。

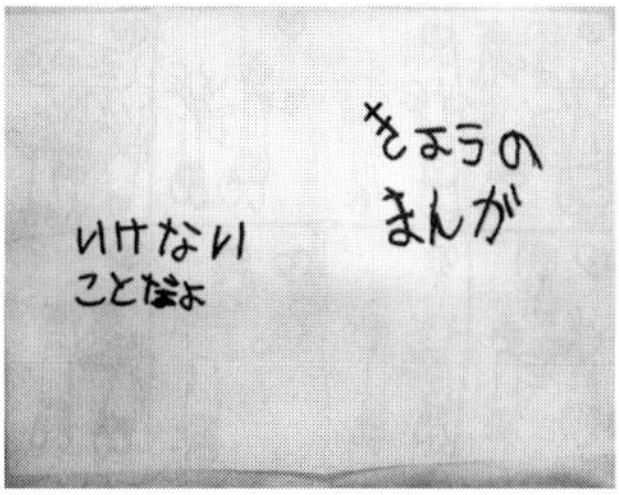

作品 4-1　マンガの表紙と裏表紙
（A 子　5 歳児 5 月下旬）

からだに動きが出てきたA子

A子の絵は、その後もますます表情豊かで動きが出てくるようになった。物静かに鏡に映る自分を描いていたころとは、全く違うからだの動きが表現されてくる。漫画の中で複数の子どもたちが登場してくるようになり、そのほかの絵でもA子が友だちと一緒に踊っているところが絵で表現されたときのことである（作品5）。

踊っている子どもたちの上にはスポットライトが描かれ、舞台の上で

作品 4-2　マンガ（A 子 5 歳児 5 月下旬）

二人の男児 A 男と B 男が楽しい表情で会話をしている．A 男が B 男に「B 男，4 書いて！」と頼むと，そばで A 子が A 男に「かいてあげようか」と言う〈1 コマ目〉．再び A 子が，「ほんとの 4 かいてあげようか」と言うが，A 男は「B 男がいい」と断る〈2 コマ目〉．A 男が B 男に書いてもらうために紙を渡すのを，A 子は口をへの字にして怒った様子で見ている〈3 コマ目〉．B 男が書いて A 男に渡すと〈4 コマ目〉，A 男が笑顔でそれを使っているのを B 男が見ている〈5 コマ目〉．A 男と B 男はうれしそうな表情でピースする〈6 コマ目〉．その日，オーストラリアの人たちが幼稚園に来ていたことから，「オーストラリア！」と言って，3 人の男児が楽しそうにしている〈7 コマ目〉．その後も，A 男と B 男は仲よく遊んでいる〈8 コマ目〉．

作品5　スポットライトをあびて踊る３人
（A子 5歳児5月下旬）

踊っている三人の女児が描かれている。四歳のころ描いた鏡の絵では静かな感じのストンとした寸胴な身体だったが、五歳になったA子のこの絵では、床が描かれ、そこにつま先立ちでバランスを取って立っている、動きのあるからだが表現されている。腰が括れ、髪の毛に流れるようなウェーブがかかり、スポットライトをあびて、からだのリズミカルな動きと華やかさが表現されている。その日の教師が撮った写真の記録では、A子自身がその絵に描かれているように、ピンクの服をまとい、笑顔で友だちと三人で走っている様子が映っている。三人で一緒に踊った楽しかったこの経験が、この絵の中にも表現されているのである。

3　見入る、聴き入る他者のかかわり（注目）から「かかわることば」が生まれる

A子の絵が生き生きと表現され始めたのは、教師によってA子の絵が発見されたことによるといっても過言ではない。教師はA子の横姿の絵（作品2）に驚き、おもしろいなと見入ったという。大学院生のMさんもA子の描く行為に関心をもち、克明に記録した。筆者自身も、前から見た顔と後ろ向きの頭をセットに描いたA子の絵（作品1）と鏡に映るA子の横姿（作品2）は、発達心理学的に見れば、自己と他者を意識する瞬間がその絵の中に表れているようで、大変興味深くとらえていた。

教師がA子に関心を寄せ、A子の「絵（ことば）」に丁寧にかかわっていくと、周りにいた他の子どもたちもA子の絵に一目おくようになる。A子の絵が周りの人から注目される中で、A子の絵がいっそう表情豊かになっていったプロセスは興味深い。鏡に映る自己との対話から、より広い世界の自分に出会っていく経験が、A子の絵（ことば）を豊かにしていったのではないかと考えられる。

訴えを聴いてくれる人が不在のとき

レディ（二〇一五）は、その著書『驚くべき乳幼児の心の世界——「二人称的アプローチ」から見えてくること』の第6章「注目を経験する」と題する章の中で、心理学者ウィリアム・ジェームスの次の言葉を引用し、注目（眼差し）を自分に向けられる経験が、私たちにとって「かかわり」の根源的で、強力な経験となることを述べている。

> 私たちは、人々によって囲まれていながらも誰からも注目されなかったとしたらどうやって生きていくことができるだろうか。他者からの注目というのは、おそらく、私たちが心的特性をもっているということの最初の、単純かつ最も強力な経験であろう。他者からの注目についての何かが、私たちの情動的存在（emotional existence）に、そして私たちの発達に、決定的な意味があるように思われる。
>
> （レディ 二〇一五、一二五ページ）

レディのことばから示唆されるのは、「かかわることば」は誰かに向けて発せられた言葉の経験の上に生まれてくるということである。小さな子どもはよく独り言を言うといわれるが、ほとんどの場合、その独り言を言う傍に、すこし離れていても大人（他者）がいるのである。本当に誰もいないのに、独り言を言うことはほとんどない。本書の「かかわることば」とは、受け止めてくれる相手がいることによって生み出された言葉なのではないだろうか。もしも、その言葉が誰にも届かないとき、誰も聴いてくれる人がいないとき、その言葉は「かかわることば」にはならない。「かかわることば」が受け止めてくれる相手がいるときに生まれる言葉だとすると、「かかわらない言葉」とは、誰も聴いてくれる人がいないときに発せられたむなしい言葉ということになる。このようなことに気づかせてくれた話を以下に紹介したい。

4　「かかわらない言葉」とはどのようなものか

昔、大学でお世話になった先生でもあり、カウンセラーでもある菅野純先生がある講演で次のような話をしておられたことを最近知った。

　児童養護施設の子どもたち

そこに何度か遊びに行くようになって、いろんなことを僕なりに感じました。これはみなさんの中で、児童養護施設とかで今心理職として働いている方もいっぱいいるようになったので、お感じになることがあると思うんですけども、僕が最初に思ったのは、泣き声が変だって思ったんですね。泣き声が変だ、つまり〈誰も呼んでいない泣き声〉なんだなって思ったんです。たしかに子どもたちは、トラブルがあったり、怒られたりすると泣くんですよ。泣くんだけれども、「わ〜〜ん」って言って消えちゃう。線香の煙がスーッと立ってパッと消えちゃうように、誰が泣いているかわかんないんですね。もちろん「わ〜〜ん」って泣くんだけども、誰が泣いたかわかんない。つまり、一般の子どもであれば、家庭で育った子どもであれば、泣くときには人を呼ぶように泣きますね。「早く気づけー」みたいな感じで、「わ〜わ〜わ〜」っていうふうに、メッセージ性がすごくあると思うんですけど、そうじゃない。なにか人をあきらめているような泣き声だなって、そのときに思ったんですね。

（菅野 二〇一五）

赤ちゃんが泣くというのは他の動物にはない人間特有の能力であることが、発達心理学では知られている。人間の赤ちゃんは親が離れていても必要なときには泣いて親を呼ぶことができるため、他の動物のようにつねに親に抱かれていなくても生きていくことができる。人間に最も近いとされる霊長類のチンパンジーでさえ、生まれて三ヵ月は親が子どもを胸に抱きかかえて離すことがないのは、泣いて親を呼ぶことができないからであるとされている。

児童養護施設の中には、生まれてすぐに親を失っている子どもたちがおり、泣いて親を呼ぶという根源的なかかわりを断たれた中で生きてこざるをえなかった子どもも多くいたことだろう。そのため、人を呼ぶ「泣き」でない、人を呼ぶことをあきらめた声を出すだけの「泣き」になっていたのではないかと考えられる。子どもの叫び、訴え、願いを誰からも真に受け止めてもらえる経験をしてこなかった人、すなわち「かかわらない言葉」としてしか「泣く」ことができなかったとき、人とかかわること、生きていくこと自体難しくなることが、これらの話からうかがえる。

「かかわることば」は聴く人の存在があってこそ生まれる

このように考えていくと、言語教育で最も重要なことは、「かかわらない言葉」としての言語の習得ではなく、生きること、世界と「かかわることば」が生まれるような教育環境があるかが問われなければならないことが見えてくる。レッジョ・エミリアの教育哲学「百のことば」が示すように、人がさまざまなことばで表現しようとしていることに耳を傾け、聴き入ろうとする他者の存在が「かかわることば」には欠かせない。レッジョ・エミリアの幼児学校の哲学「聴き入ることとの教育学（Pedagogy of Listening）」（Rinaldi 2006）にも学びたい。「かかわることば」は、そのことばに注目して、耳を澄ませて聴いてもらった経験から生まれるのではないだろうか。そのような経験が言語教育で大切にされていかなければならないというのが本章の結論である。絵の中で表情豊かにしゃべり始めたA子、友だちとのかかわりも増え、からだが動き出したA子の事例はそのことを物語っている。

謝辞

お茶の水女子大学附属幼稚園の上坂元絵里先生を始め，みなさまには本章の事例について多大なご協力をいただきました。記して感謝いたします。

参考文献

菅野純（二〇一五）早稲田大学人間科学学術院心理相談室第3回臨床心理セミナー二〇一四年特別記念講演「心理臨床と自己探求」の講演記録

レディ・V（二〇一五）『驚くべき乳幼児の心の世界――「二人称的アプローチ」から見えてくること』佐伯胖（訳）ミネルヴァ書房

Malaguzzi, L. (2011) No way. The Hundred is There. In Edwards, C., Gandini, L. and Forman, G. (eds.) *The hundred languages of children: the Reggio Emilia experience in transformation* (3rd ed.) (pp. 2-3). CA: Praeger.

Rinaldi, C. (2006) *In Dialogue with Reggio Emilia: listening, researching and learning*. New York: NY. Routledge.

3章　文字や表記システムと社会的実践としてかかわる

奥泉　香

本章では、「かかわることば」について、日本語の文字や表記システムといった側面に焦点を当て、それらと社会的実践としてかかわる（engagement）とはどういうことなのかを考える。次節でも言及するように、私たちは日々紙面や携帯電話、タブレット端末等の画面上で、たくさんのことばをやり取りしている。そしてそれらのことばの多くは、書きことばでありながら、話しことばである口頭表現の特徴をも具えている。話しかけるように文字で記された書記テクスト、私たちはこれらのことばと新たなかかわり方を始めている。

そこで、話しことばの特徴を具えたこういった書記テクストと、社会的実践としてかかわる《エンゲージメント》とはどういうことなのかを、具体例を挙げて考えてみたい。また、その検討から国語科において今後取り組んでいく必要のある学習についても言及したい。

1　書記テクストの変化

私たちが文字を使って書いたり読んだりしているテクスト[1]は、通時的に見ると変化している。ロンドン大学の社会記号学者G・クレス（Kress 2010）は、現代人が読み書きしている書記テクストの性質を、通時的に考察して次のように述べている。コンピュータや携帯電話の普及といった技術革新の先端で、私たちは逆説的にも中世の写本の再来のようなテクストを生産・消費するようになってきていると。多くの字体やフォント、レイアウト、色、アイコン等を駆使し、伝達内容だけでなく、伝達時の表情や口調までをも「喚起する」ような、画一化とは逆のテクストの生産・消費である。こういったテクストは、私たちの感情や思考に、より強く働きかける特徴を有している。

書記テクストは、かつてW・J・オング（一九九一）も指摘しているように、本来もっと視覚的あるいは聴覚的、触覚的といった多モードの要素を有していた。中世の彩色写本は主に声に出して読まれる音読を前提としていたため、聴覚優位であり、その色彩と形態が視覚的に訴えることで産み出される触覚的な感覚を喚起するものであった（オング 一九九一、四四―七六頁）。それが一六世紀以降特に西欧を中心として、書記テクストは印刷技術の登場により、前述したような多モードの要素がそぎ落とされていき、均質で画一的な内容重視、論理重視の大量複製へと変質していった。そしてそのことと引き替えに、多くの人の手に大量のテクストを迅速に届けることを可能にし、それらを速く読むことをも可能にしてきた[2]。

こういった変化は、本書の題になぞらえて述べるならば、「かかわる文字」から「かかわらない文字」への変遷であったとみることもできる。しかし、ポスト産業主義やグローバリゼーションといった社会の枠組みの変化によって、情報駆動（information-driven）、知識基盤（knowledge-based）の影響が増大する現代社会において、大量に産出されるテクストは「多様な背景を持つ人々の思考や感情を、より効果的に駆り立てる」ことができるよう、次頁に例示するような方法を駆使して、再び視覚化あるいは多モード化の現象を起こすようになってきている（Kress 2010, p. 183）。

さらにN・フェアクロフは、記されたテクストは、印刷され、フィルム化され、画面上に映し出されることによって、視覚的な意味を増していると指摘している。そしてその中で、従来からの話し言葉と書き言葉の二項関係は、各々の境界を互いに越え「かぶせ取り（overtake）」されてきているとも述べている（Fairclough 2001, p. 31）。確かに、携帯電話やタブレット端末の画面上で、私たちは話し言葉と書き言葉が越境・交錯した書記テクストを、日々やり取りしている。

このように考えてきた時、変化してきている書記テクストにおいて、私たちは文字や表記システムと、どのように社会的実践としてかかわっていくことが必要になってきているのだろうか。また国語科の学習では、そのことに対して、どのように対応していくことができるのだろうか。

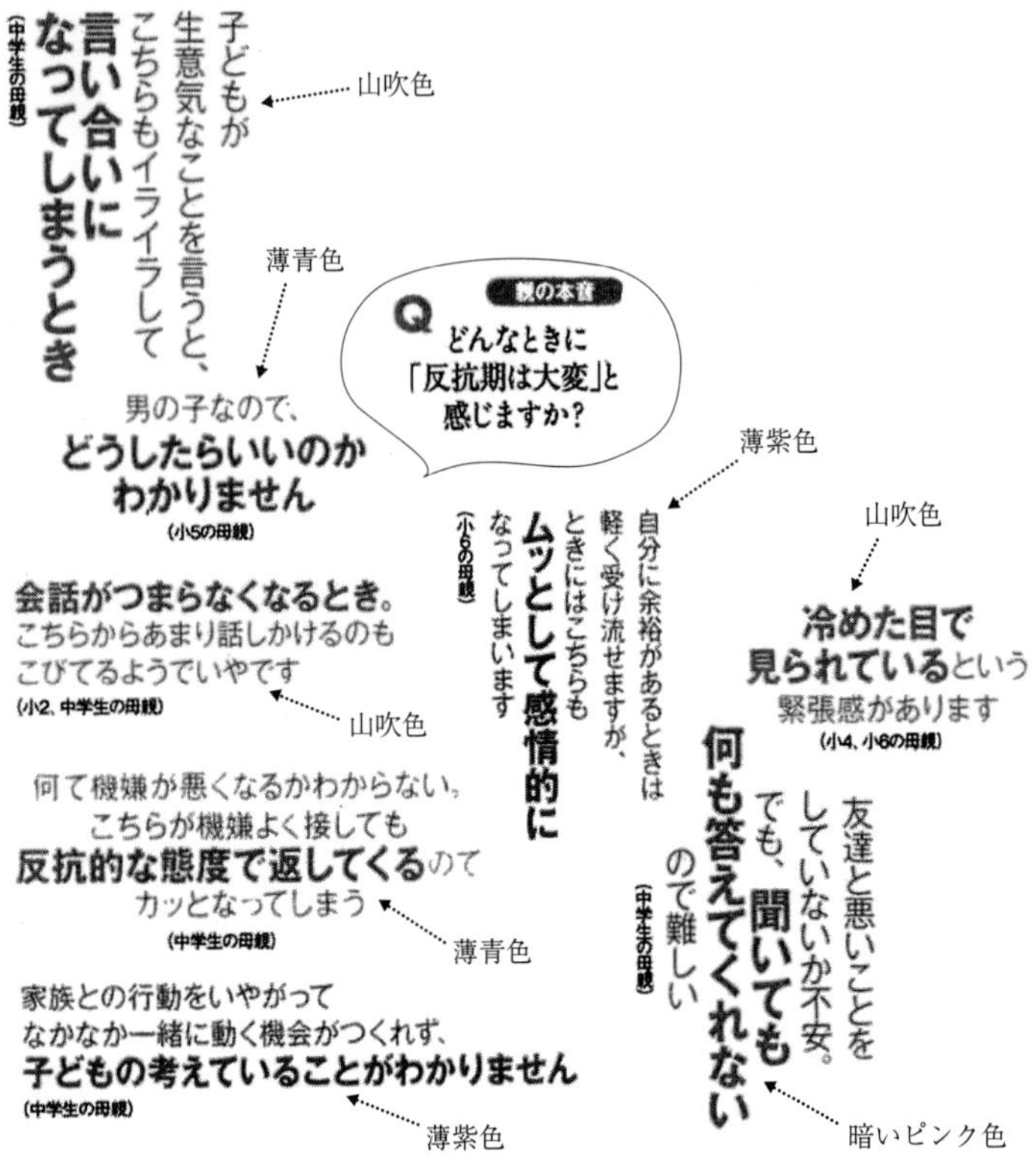

図 1 『AERA with Kids』(朝日新聞社 2008, 秋号)

2　変化した要素を含む書記テクストの例

先述したような書記テクストの変化を踏まえ、文字や表記システムと社会的実践としてかかわる《エンゲージメント》ということを検討するために、本章では前節で述べたような書記テクストの変化が見てとれる、右頁の雑誌記事を例として用いる。これは、『AERA with Kids』（二〇〇八、秋号）に掲載された記事の一部である。前出のクレスは、書記テクストにおける変化は、雑誌や広告、絵本等において新たな試みが行われやすいため、そういったテクストを分析し考察してみることの重要性を指摘している。

記事[3]の内容は、思春期にあって反抗期を迎えた受験生を持つ親に向けたものである。この記事は文字で記されているが、実際には五色（橙、桃、青、紫、黒）で色分けされており、縦書き・横書きが混用されている（色を施した元のテクストは、本書のカバー見返しを参照）。

こういった書記テクストと出逢った時、私たちはどのようにこのテクストから意味を構築していくことができるのだろうか。また、社会的実践として、こういったテクストとどのようにかかわっていくことができるのだろうか。右のテクストを例に、これらのことを具体的に考えてみよう。

3　例示の書記テクストからの意味構築

能動的な読みの道筋の形成

まず、私たちはこのようなテクストを目にした時、どこからどこに向かって読んでいくだろうか。一般的に私たちは、文字で記されたテクストを読む場合には、上から下へあるいは左から右に向かって読んでいく。この読みの方向や順番は、学校で学んでいる。しかし、この例に挙げたようなテクストでは、その学んだルールは必ずしも読み方を助けてはくれない。テクスト中の各部分においてはそのルールは役立つが、提示された部分全てを、そのルールで読んでいくことは難しい。またその方が理解しやすいというわけでもない。

そこで、さらにテクストの特徴を分析して、どこからどこに向かって読んでいくのかを考えてみる。このテクストは、先述のように縦書きと横書きが、一見ランダムに混用され配置されている。しかしよく見ると、中央部に吹き出しがあり、そこに「Q」というアルファベットの文字が書かれている。また、吹き出しの中に文字も書かれているので、それを読むと、「どんな時に『反抗期は大変』と感じますか?」と書かれている。疑問文と「?」マークも書かれていることから、これは質問だということが理解できる。

しかし、この部分がテクスト全体に及ぶ中心的な問いかけで、他の部分は全てこれに対する回答になっているという「問―答え」の全体構造が理解できるのは、この吹き出し内に書かれている内容だけによるのではない。この質問の部分が吹き出しに囲まれていたり、それがテクストの中央部に配置されていたり、Qという文字が目立つ色で太く書かれているという特徴に支えられている。また、吹き出し内の部分と他の部分が、異なるフォントで書かれていることによって、テクスト中の文字群が二分して見えるからである。

つまり、私たちがこのテクストを目にした時に、全体を「問―答え」構造で読むことができるのは、書かれている内容によってだけではなく、配置や色、文字の大きさ、フォント、アイコン等にマルチモーダルに支えられているからである。

読み手と書き手が共有しているMRの前景化と意味構築

さらに、私たちが例示のテクストを「問―答え」構造で読むことができるのは、単に先に述べたようなテクストの特徴からだけでなく、読み手が例えば「Q」という文字が、質問を意味する略字として機能する場合もあるということを、知っているかどうかといった既有の知識に支えられている。批判的談話分析(critical discourse analysis、以下CDAと称す)[4]という研究方法では、このように吹き出しの記号を見て、この記号のテクスト中における機能の理解に活用できることを、メンバーズ・リソース(members resources、以下MRと称す)を用いて理解しているという言い方をする。MRとは、フェアクロフによると、次の様に説明される概念枠組みである。「我々は単に発話を『解読する』のではなく、様々なレベルにおいて発話の特徴を長期記憶に貯えてきた表象とマッチさせるという能動的プロセスを経て解釈に到達するのである。これらの表象は極めて多様な事物の集積のためのプロトタイプである。……〔略〕……これらのプロトタイプをまとめて共有資源」としMRと呼ぶことにする（Fairclough 2001, p. 11）。

この「吹き出しの意味や機能」、「Qの機能」がわかること、そして「本来日本語の書記テクストは、縦書き横書きどちらかで統一して書かれるのが一般的である」ということ等は、現代の社会でこの種の記事を読む読者間では、共通して保持しているMRであると考えられる。そして、このMRを用いることによって、同時性をもって一覧して見えていたバラバラな情報は、「問—答え」の構造として私たちを読みの方向に誘ってくれる。

このように、テクストのある特徴によって、読み手がある読みの方向性（あるいは道筋）をたどり読んでいく蓋然性は高まる。この読み手がテクストとの相互交渉によってたどり読んでいく道筋のことを、クレスら（Kress and Leeuwen 2006）はリーディング・パス（reading path）と呼んでいる。

そして、このようにテクストの特徴がある読みの蓋然性を高めることを、J・R・マーティンはJ・J・ギブソンの語を用いて、テクストの特徴が読みをアフォードしているという言い方をしている。佐々木（二〇〇三）がドナルド・A・ノーマンの捉え方を拡張して、「アフォーダンスとは、その物が他の物との配置に埋め込まれた時に現われてくる性質」（佐々木 二〇〇三、二二一頁）であると述べていることを援用するならば、文字や表記も、「他の文字や表記との配置に埋め込まれた時に現われてくる性質」を持っていると言うことはできないだろうか。そして、このアフォードという語を用いることによって、書記テクストからの意味構築も、文法や固定的な表記のルールを単に当てはめるのではなく、他の文字や表記との相対的な関係や配置によって読み手がある「性質」に気づき、そのテクストとの相互交渉を行うことによって、能動的に意味を構築していくプロセスとして捉えることが可能になるのではないだろうか。

モードの転換とマルチモーダルな意味構築

次に、この同じテクストについて、クレスとリーヴェン（Kress and Leeuwen 2006）の提示している「際立ち（salience）」という概念に着目して、もう少し検討してみたいと思う。「際立ち」とは、先に述べたMRで保持しているプロトタイプから外れた表現や書式に着目し、色や形、大きさ等が周辺の要素との関係で相対的に際立つよう表現されている意味を、検討するための概念である。

図1に例示したテクストは、何種類かの色で書き分けられている（カバー見返し参照）。そしてフォントの種類や太さ、文字の大きさも異なっている。通常一まとまりの書記テクスト内では、特別な目的がない限り、文字は黒一色で同じ大きさ、同じフォントで書かれていることが多い。これは冒頭で言及した書記テクストの変遷の中で、多量のテクストを高速で処理することを可能にしてきた一要因ともなっている。そして通常読み手は、自分が属している社会や文化における、このようなMRを意識することは少ない。しかし、例示のような、MRで保持しているプロトタイプから外れた表現や書式を前にした時、私たちは保持していたMRを前景化させ、それとの関係で「際立ち」の部分から、積極的な意味を構築する。

このように考えてくると、読み手は内容からだけでなく、文字の色という視覚的な要素からも、ここに記されているテクストには、一人の人の声ではなく複数の親たちの声が表現されているのではないかという意味構築をアフォードされると考えることができる。そして、複数の色で書き分けられたこの多声性は、全体として一覧した時に、単に複数の個別の親の声が反映されているという意味を越え、多様な「多くの親の声が」といった、まとまった一般化を助長する機能も果たしているということにも気づいていく。それは、おそらく縦横ランダムにしかも複数色で記されながらも、このテクストの部分が一塊の統一体として、中央の吹き出しを取り囲んでいるように見えるからではないだろうか。

さらにこのテクストは、色分けされているだけでなく、フォントの太さや大きさも異なっている。しかもそれが、テクストの途中にランダムに現れている。私たちは、見出しの文字は本文よりも大きく、時には太く書かれることがあるというMRを保持している。そのため、そのMRを前景化させることによって、例示したテクストの場合には、所謂見出しやタイトルのような機能を持った太字ではないということが理解できる。そして、先述の色から発言者の区分を意味構築したことと関連させ、この場合の文字の大小は、各発言者の声の大小や強調点を表現しているのではないかという意味も構築することができる。

ここからも、読み手は、単に述べられている内容だけでなく、述べている人の声の大きさの違いや強調して述べている点等も、同時に考慮するような読みが可能となる。つまり、文字が視覚的にも色や大きさを変えて表現されていることによって、多種類（幾人か）の親たちの大小の声という多声性を、読み取る方向に影響を受けているのである。この過程で、読み手は文字の色や大きさ、太さといった視覚的要素から聴覚的な意味構築へとモードの転換を行っている。

三つのデザイン概念と、新たな意味の構築

テクスト全体の「問—答え」構造と読みの道筋、そして文字の色や、大きさとモードの関係について考えてきたので、ここでもう一度レイアウトの観点から同じテクストを検討してみたいと思う。このテクストは前にも触れたように、日本語の特徴である縦書きと横書きが、混ぜて整然と並べずに配列されて書かれているという特徴を持っている。

したがって、この配列・配置のしかたによって、先に検討した色分けされた幾人かの親たちの声は、整然と順番に「述べられている」という意味構築も行われにくい。ランダムに配置された縦書きと横書きの混用は、先ほどの「際立ち」という概念を意識すれば、座談会風にランダムに話されているディスコースの書記化、視覚化ではないかといった意味構築が促されやすくなる。これは、先述のように日本語には縦書きと横書きがあり、一般的にはどちらか一方の方法で統一して書くというMRを読み手が持っているためである。そして、例に挙げたような縦書きと横書きを混用したテクストと出遭った際に、通常は意識しないこのMRを、前景化して活用できるからである。

そしてこの過程を、新たなリテラシー研究に影響力を持つニューロンドン・グループ（New London Group）[5]が提示している三つのデザイン概念を用いると、次のように説明することができる。縦書き横書きという従来からある書き方の資源を、「すでにデザインされている資源（Available Designs）」として、テクストの書き手も読み手も用いている。そして、それらを組み合わせ混用するという新たな「デザインの過程（Designing）」を経て、例示に見るような新しいテクスト「再デザインされたもの（The Redesigned)」を産出し、そしてまた、読み手の側も既習の知識やＭＲを参照・利用して、その過程で新たな意味を付与するという一種のデザイン活動を行っているという説明である。読み手はその過程で、ＴＶのワイドショーなどで観たことのある座談会の座席設定についての既有の知識や経験も使い、ラウンドテーブルのように座って語り合っている様子を、テクストに重ね合わせて意味構築することも可能となる。

このように、書かれた内容からだけでなく、こういったレイアウト等のデザインとの相互交渉から、読み手は逆に書かれている内容の解釈を構築していく面も否めない。例示のテクストは、その配置等のデザインからも、順序立てて一つの結論に向かって集約的に議論されている性質の記事ではないのではないか、という意味構築もアフォードされる。読み手は、テクストにおける中央の問いとの関係で、その周りに配置されている色分けされたディスコースとの間を行ったり来たりしながら、自分の考えと近いディスコースや反対のディスコースに着目しながら読んでいく。

私たちは、縦書きや横書き、太字や黒い文字を、書記テクストの「すでにデザインされている資源」として、それらが属している社会や文化において通常どういった使われ方をしているのかをＭＲとして保持し、それらをあえてずらしたり組み合わせたりすることによる「デザインの過程」を経て、これまでにない「再デザインされた」テクストを創出する。そして読み手側も、その「再デザインされた」テクストと相互交渉する中で、ＭＲや既習の知識を前景化させたり参照したりしながら、「再デザインされた」テクストに新たな意味を付与するという一種のデザイン活動を行っている。

読み手におけるアイデンティティや連帯感の構築

最後に、テクストとの相互交渉を通して、読み手の側に構築されるアイデンティティや連帯感と、表記や語の選択との関係についても分析しておきたいと思う。

このテクストには、「ムッとして」や「カッとなって」「イライラして」など、直接的な感情表現をカタカナで表記する方法が使用されている。このことによって、テクストに書かれていることは、感情を率直な表現で飾らずに表出しているように受け取られやすくなる。したがって、読み手は各ディスコースの話者が、本音で率直に語りかけてくれていると捉えやすくなる。そしてこういった効果によって、読み手である多くの親の中には、この記事に書かれていることは、子どもの反抗期を経験したことのある親たちが、自分たちに対して本音で真剣にアドバイスしてくれているのだという信念が無自覚に形成されやすくなる。さらに、「〜てしまう」や「〜ので難しい」といった話し言葉の文末表現が、読み手にとっては、語りかけてくれているという感覚を増幅する効果を出している。

また、このテクストに用いられている語の選択が、右の分析と相まって親子の関係性も構築する機能を果たしている。例えばこのテクストでは、親側から述べられているディスコースに主語がなく、その代わりに「こちら」という言葉が多用されている。例えば「こちらからあまり話しかけるのも〔傍点は引用者〕」、「こちらが機嫌よく接しても〔傍点は引用者〕」などの表現である。ここには他にも「私から」や「親の方から」など様々な言葉を入れる可能性が考えられる。しかしそれらの中からこの言葉を選び反復することによって、現実には存在しない「子ども側対親側」という二つのグループの対立構造を作り出す機能がアフォードされている。「こちら」という言葉には、暗に「あちら」という対になるもう一方の側が含意されているからである。これはCDAの用語で述べると、テクストに関与する者相互の社会的な役割＝主体位置の「設定」の問題ということができる。そしてこれは同時に、読み手を「こちら」で表現する親側に、組み込んで読ませていくという機能を果たしているとみることができる。ここに、まさに語の選択・提示による「現実社会の構成」機能や、「読み手の連帯感」を形成する機能を見てとることができる。実際には、各家庭の親子関係は千差万別で、単純に二分された対立構造などでは捉えきれないはずである。

さらに、「現実社会の構成」機能というならば、「反抗期」に代表される漢語の使用も、重要な役割を果たしている。漢語で表されたこれらの語は、こういった時期の子どもに特徴的に見られる個別の態度やその傾向性を、確固として存在することを疑わせない、権威あるニュアンスとして提示する機能を助けている。これは、科学的な用語や専門用語が、漢語を用いて表されることが多く、日本の近代化の中で、漢語が翻訳語や新しい概念を表す役割を担ってきたということとかかわっている（岩原・八田 二〇〇四）。

加えて、文末の「〜してくれない」といった親から見た子どもの言動に対する否定形表現や、「〜しまう」という表現の繰り返しも、このテクストの特徴として着目することができる。こういった「表現の反復」を検討することも、CDAの重要な分析手法の一つである。この場合には、これらの表現によって、直接的には語られていない子ども像を、「当然してくれるべきことをせず、親側を拒絶する対象」として、また親たちを、望ましくないと思いながらも子どもに翻弄され、コントロールを失うまでに追いつめられた存在として、意味構築されやすくする機能を果たしている。

そしてこのことは、子どもの言動に対する親のディスコースに、「緊張感」や「反抗的」といった漢語が使われていることによっても、その手強さや頑なさが強調されているとみることができる。この漢語の使われている部分には、似た意味の表現や表記が複数使われ得るはずである。例えば、前者には「キンチョー」「トゲトゲした感じ」「身が硬くなるような感じ」等、後者には「はむかうような態度」「素直でない態度」等を入れることもできる。とりわけ日本語は、語種や表記の選択・組み合わせができるので、他の言語よりも選択の幅も広い。これらの選択肢の中から、「緊張感」や「反抗的」という語種や表記が選択された意味を相対的に検討すると、硬く手強いという思春期の子どもの特徴が、より効果的に表現されているると読むことが可能になる。そしてこういった語種や表記を選択することによって、このテクストでは単に親と子という対等な関係ではなく、親側の方が「拒絶され不安で困惑」させられているという、被害者的な一種の「力関係」が表象されやすくなっているとみることができる。

このことによって、読み手である親たちは、似た質の「連帯感」を持って読みやすくなる。そして「拒絶され不安で困惑」させられている親たちの被害者的なアイデンティティは、このテクストの読みを通して再生産される。読み手側もそして発信者側（書き手や出版社側）でさえも、無自覚のうちに、例示のテクストで検討したような「連帯感」や「力関係」、さらにはアイデンティティや価値等を、意味構築の過程でやり取りしたり再生産したりしているのである。

以上見てきたように、書記テクストからの意味構築の過程は決して中立透明なものではなく、書かれている内容からだけでなく、使用されている文字のフォントや大きさ、色、そして語種や表記との組み合わせによっても、多層的な意味を構築することができる。

4　社会的実践としての文字や表記システムとのかかわり

以上、例示した書記テクストからの意味構築の過程を、検討してきた。そこで、これら検討してきたことを基に、文字や表記システムと社会的実践としてかかわる《エンゲージメント》とはどういうことなのかを考察する。それは、例示のテクストについての意味構築を振り返ると、次の三つの観点を含んでいると考えられる。

三種類の次元を往還しながらかかわる

まず、一つめの観点として前節3の意味構築の過程を振り返ると、テクストの特徴だけに閉じた意味構築ではなく、次の三種類の次元を往還する形で、文字や表記システムとかかわってきたという点を指摘することができる。次元①は、テクストの次元。次元②は、テクストとその読み手や書き手が共有しているMRや、それらとの相互交渉の次元。そして次元③は、テクストを取り巻く社会との相互交渉の次元である。

前掲のフェアクロフは、この三種類の次元について、左のような枠組みを提示している（図2は、フェアクロフが二〇〇一年と二〇一〇年の論考において示した図を、筆者が和訳に伴って一部語を加え修正し

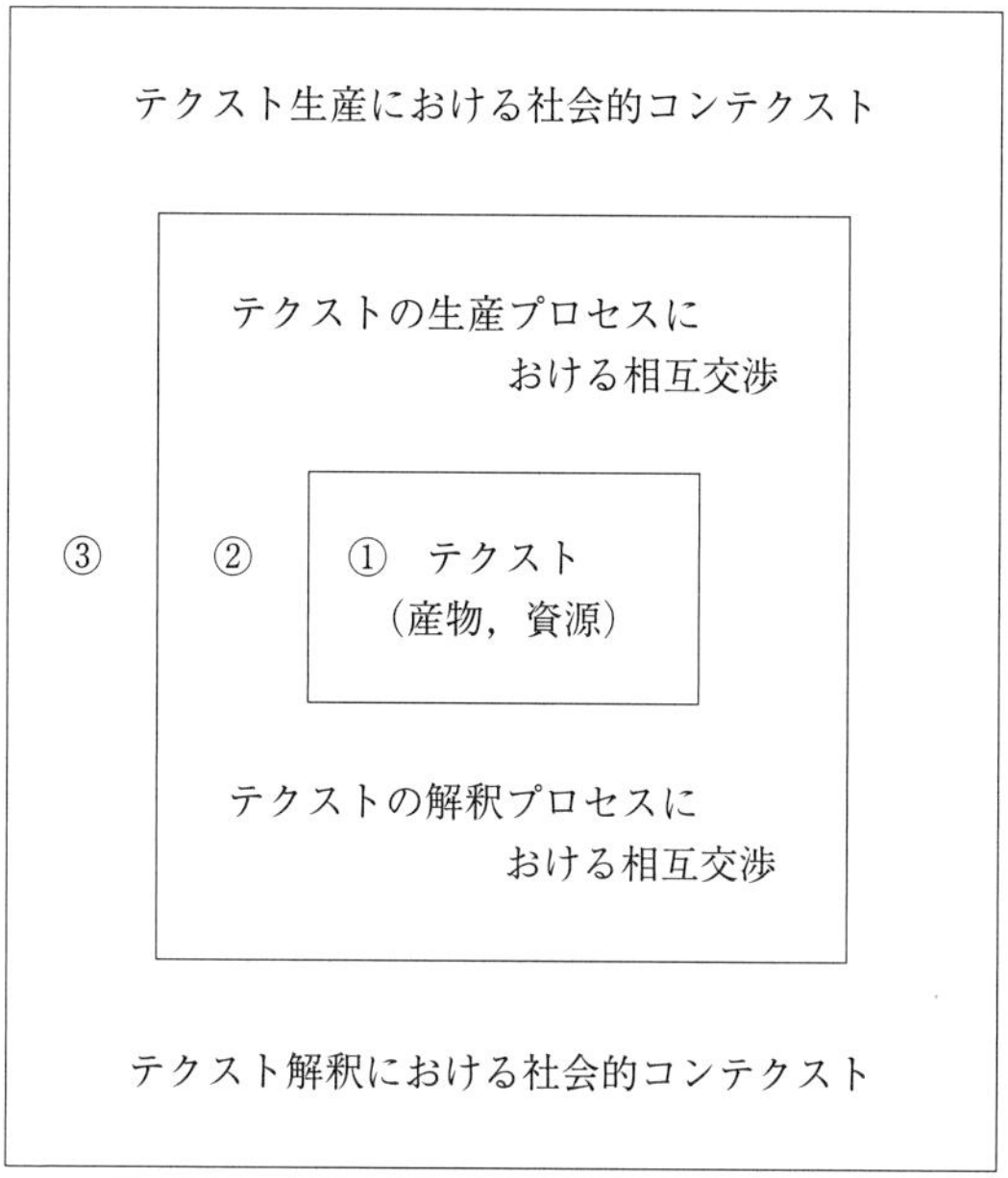

図 2　テクストにおける三つの次元

① 記述ステージ
　語彙—文法的資源としてのテクストの次元.

② 解釈ステージ
　テクストの生産プロセスや解釈プロセスとの相互交渉の次元.

③ 説明ステージ
　テクスト生産・解釈の過程における社会的条件や，社会的コンテクストとの関係の次元.

たものである)。

フェアクロフは先の図2からもわかるように、テクストを「社会的相互交渉の全プロセス」を含むものとして位置づけ、それを以下の三つの次元に分けている(Fairclough 2001, p. 162)。元の図では、図中に①~③の三つの次元名が書き入れられていたため、それを図2の下に示す。

一つめの次元は、①のテクストにおける特徴を検討する次元である。テクストをよく見て分析することによって、例えばテクスト中の各部の文字色が異なるという特徴や縦書き横書きの混用といった、例示したテクストの特徴が検出できた。

しかし、こういった特徴に着目できること自体が、実は読み手や書き手が保持しているMRとの関係に支えられていた。通常書記テクストは同色の黒一色で書かれることが多いというMRを保持していなければ、テクストのこういった特徴が意識されることも少ないし、そのMRが前景化されなければ、これらの特徴から積極的な意味構築は行われにくいはずである。つまり二つめの次元は、こういったテクストとその読み手、書き手との相互交渉という②の次元である。

そして三つめの次元は、このテクストが親や教育関係者等を主な読者とする雑誌に所収の記事であるという位置づけや、その雑誌が販売、購読されている社会との関係という③の次元である。現代の読者の多くは、教育問題等様々な不安を抱えている。そしてこの記事は、そういった読者に同質の経験をしている同じ社会的グループの成員から、経験談を聞き連帯感を形成して、不安を和らげ事にあたるという構造の中で機能している。一つめや二つめの次元で検討したテクストの特徴は、こういったテクストを巡る社会的状況との関係で、さらに社会的力関係や価値にかかわる意味構築に影響を与えていた。また、その中で、漢語の選択や表記は、日本の近代化において専門用語や訳語を提示する役割を担ってきたという通時的・社会的な意味の構築に影響を与えていた。

つまり、書記テクストにおける文字や表記システムと社会的実践としてかかわる《エンゲージメント》ということは、以上のような三種類の次元を往還しながら、意味を構築しテクストと自己とのかかわりを築いていくことであると言える。そしてそのことによって、テクストに編み込まれた社会的慣習や秩序、価値や社会的力関係等を意味構築する読みが可能となる。

既存のルールやシステムを再デザインしながらかかわる

二つめの観点は、学校等で学んだルールや規範、価値を「既にデザインされている資源」として、それらを組み合わせたりずらしたりしながら、新たな「デザインの過程」に参与し、新しい「再デザインされたもの」を創出するというかかわり方についてである。

多くの子どもは、幼児期の後半に文字の学習を始める。そして小学校に入学すると、本格的に文字の読み書きを通した書字文化に足を踏み入れるようになる。厳密には、現行の幼稚園教育要領では、文字にかかわる記述は、「言葉」領域において「日常生活の中」で「興味や関心をもつようにすること」とあるため、学習というよりは「興味や関心」を持たせる活動が中心となっている。また保育所保育指針においても、同様に「エ　言葉」において「日常生活の中」で「伝える楽しさを味わう」となっている。

しかし小学校では、現行の学習指導要領において、国語の「伝統的な言語文化と国語の特質に関する事項」として、「文字に関する事項」が記載されており、学年別漢字配当表やひらがな、カタカナ、ローマ字を学習する学年の目安が示されている。かなでは、清音から濁音へ、そして撥音、促音、拗音の学習が行われ、これまで第四学年から入ってきたローマ字についても、現行の学習指導要領から第三学年で学び始めるよう記載されている。学習者がコンピュータやキーボードに触れ始める時期の早期化という環境の変化に鑑みての改訂である。

さらに、学習者は小学校・中学校と進む中で、和語、漢語、外来語という語種やそれらの成り立ち、縦書きや横書きの学習も行う。このような流れの中で、学習者は日本語の四種類の文字や、それらと語種の関係、さらにはこれらの使い分けや組み合わせの大凡のルールを含む表記システム[6]を学ぶ。

しかし、私たちはこうして学んだ文字や表記システムの知識を、決してそのまま当てはめて、実社会における書記テクストを読むという、ことばとの静的なかかわり方をしているのではない。そうではなく、前掲の例における検討は、私たちが社会的実践の場で初めて新たな書き方や文字の使い分けを施されたテクストに出遭った時、既習の表記システムに関する学習内容を資源として、それらをどのような「再デザインされたもの」として意味づけていくことができるのかという、能動的な一種のデザイン過程としてのかかわり方をしていく必要があるということを示している。そしてこういった過程において、既存社会における文字や表記システムのルールや規範は、次なる新たな組み合わせや使用法の資源として活かされ、変形・拡張されていく。

複数のモードからかかわる

三つめの観点は、書記テクストにおいても複数のモードからマルチモーダルにかかわるという点の重要性である。冒頭で言及したように、昨今の書記テクストは、話し言葉と書き言葉が「かぶせ取り」されていたり、これまでにない新たな形式が出現してきたりしている。そして、それは使う媒体や状況との関係で、「多様な背景を持つ人々の思考や感情を、より効果的に駆り立てる」機能を果たしている（Kress 2010, 183）。

例示のテクストの分析でも、否定形表現の繰り返しや、「緊張感」「反抗的」といった漢語の選択・使用は、単に字義通りの意味だけでなく、親側の「拒絶され不安で困惑」させられている被害者的な感情を構築する効果を担っていた。こういった、テクストから構築できる感情や態度といった意味の検討は、今後ますます重要になってくる。

5　今後必要となる国語科の学習

先述のように、書記テクストと社会的実践としてかかわる《エンゲージメント》ということを、例示のテクストを用いて考えてきた。冒頭でも述べたように、大人もかつて経験したことのない速度や質で、社会の枠組みや技術が変化する現代においては、テクストも新たな形や種類が次々と産出されていく可能性が高い。こういった状況において、ことばの学習では、今後どういった学習を行っていく必要があるのだろうか。

こういった問いに対して、前掲のニューロンドン・グループの中心的存在であるカランジスとコープ（Kalantzis and Cope 2008）は、次のように述べている。それは、これまで経験したことのない新たな形や種類のテクストに出遭った時に、そのテクストから意味を構築するための「手がかりを探す方略（strategy）の力」をつけられるような、学習の経験をデザインし積むことであると。佐藤・熊谷（二〇一三）はこの考えについて、これまでの「ルールとその使い方を教えるだけでは」、かえって「意味構築の多様性や複雑性に対して制限をつけてしまう」として、カランジスらのこの論の重要性を評価している（佐藤・熊谷 二〇一三、九二ページ）。

これまでに出遭ったことのない形や種類のテクストから、意味を構築するための手がかりを探す方略。そして、その方略によってテクストからの意味構築を、社会的実践として行うことのできる力をつける学習の経験。こういった学習の経験を、国語科という教科ではどうデザインしていくことができるのか、それが問われている。

そして本章で検討した書記テクストにおける文字や表記システムの学習について述べるならば、次の三つの方向から新たな学習を構築していくことができるのではないだろうか。一つめは、新たな方法で新たな価値やアイデンティティを提示しているテクストの学習材化と、その集積である。例示に用いたテクストは、扱う内容としては、直接的には小・中学生を対象とした学習材には向かない。しかし、既存のルールや慣習、価値等を組み合わせたりずらしたりして「再デザインされた」テクストを、学習材として整

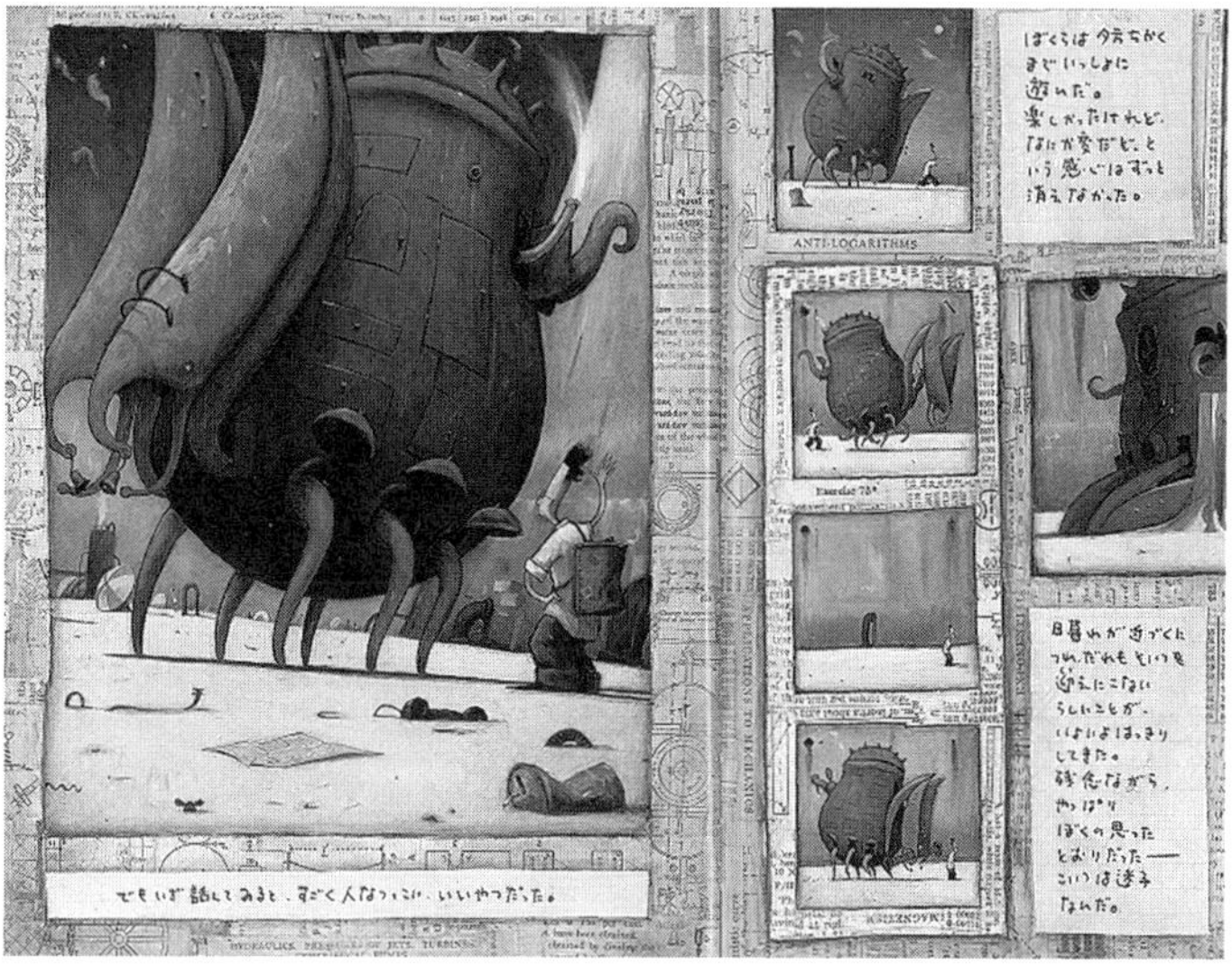

図 3　ショーン・タン（2012）『ロスト・シング』（6-7 ページ）

理・集積し、系統的に活用する必要はある。そのためには、クレス（Kress 2003）でも言及されているように、文字の挑戦的な新しい使用法やデザインの宝庫である絵本や雑誌の学習材化において道を拓くことが考えられる。

例えば、所謂ポストモダン絵本[7]と称される絵本においては、文字もまた字体のデザインや配列、見開きにおける位置等が様々に工夫され配置されている。上に例示するショーン・タンの『ロスト・シング』では、字体は、主人公がノートの端キレに自筆で書いたような文字で表現されている。そして、その文字が、物語の展開に沿ったコマ割り毎に、絵の一部のように記されている。このように、文字がこういった字体や配置として統一的にデザインされていることによって、この作品では、物語の中の出来事が、夏休みの或る出来事を日記や手紙に書いて知らせてくれているような、語りを意味構築することができる。

これまでも、絵本は言語教育において活用されてきた。しかし、絵本における文字を、物語の筋や登場人物の会話の内容を読み取るためだけのかかわりではなく、前掲の例でも見てきたように、誰による語りなのか、またその話主が何歳の頃のどのような語りなのかさえも意味構築することができるような資源として、たっぷりと味わいかかわる学習はそれほど多くはなかったのではないだろうか。

また二つめに考え得る学習の方向は、こういったテクストから、学習者が手がかりを探し方略を培っていく基とできるように、先の検討で用いたMRや「際立ち（salience）」といった概念枠組みを整理し、学習者に提示・使用させる機会を保障することである。例えば、前掲の『ロスト・シング』でも、MRの枠組みを手がかりにして、この見開きに記されている文字を検討することができる。通常紙媒体の印刷物では、文字は活字で統一され、一つのブロックにまとめて書かれることが多いというMRを前景化させ、そのMRを意識的に用いる経験をさせるのである。このことによって、手書きで走り書きしたようなこの見開きの文字や配置のデザインから、先述したような話主の語りについての積極的な意味の構築が可能となる。

そして三つめの方向は、初めて遭遇する新しい表現法が使われているテクストの学習の後半に、学習者が見つけた手がかりや方略について語り合い、振り返るリフレクションの時間を充実させることである。こういった学習の経験の蓄積によって、学習者は、教科書で習った文字や表記システムを資源として、社会的実践において新たな価値や秩序を意味構築し、自らもその再デザインの過程に参加していくような文字やことばとのかかわり《エンゲージメント》をすることができるようになる。

注

［1］フェアクロフは、テクストとディスコースという概念を厳密には説明し分けている。しかし、この二つの概念については、塚田（二〇〇〇）や野呂・山下（二〇〇一）、T・v・リーヴェン（Leeuwen 2008）等数多くの定義や意義づけがなされており、R・ヴォダック（Wodak and Meyer, 2001）にフェアクロフ批判もあるため、本稿の範囲では、一貫してテクストの語を用いることとする。ただし、例示のテクスト中における色分けされた各部分を指す場合には、テクスト全体を指す場合と区別して、ディスコースの語を用いることとする。

［2］文字の「表情化」については、茂呂（一九九一）が、ウェルナーとカプランの書き分けの課題を例示して論じている。そして、語を介して「概念に至るときには、文字は背景にしりぞいて」しまい、「透明化しやすい」ことを述べている。

［3］例示のテクストは、同雑誌の見開きにおける一部である。右上の空白部分の右端には、縦書き二段組みの黒文字による文章が書かれている。その文章は、精神科医による思春期や反抗期の説明である。ページ全体として見た場合、この医師による説明と、本章で分析対象として例示した部分との関係は、マルチリテラシーズが言語教育の理論的基盤としている選択体系機能理論の枠組みを用いると、互いに「拡充」の関係としてページ全体の意味を統合的に構成しているという関係になっている。こういった理解に基づき、本章では当該部分を分析に用いた。

［4］批判的談話分析（critical discourse analysis: 以下ＣＤＡと称す）とは、一九七〇年代末から批判的言語学（Critical Linguistics）と社会記号論（Social Semiotics）という二つの流れを基に発達してきた談話分析法である。

CDAでは、ディスコース（あるいはテクスト）は、その社会に内在する価値や力関係が編み込まれ、そういったものを再生産することを助けている側面をもつと捉えられている。しかしヴォダック（Wodak and Meyer, 2001）によれば、この大きな枠組みは共有しながらも、現在は一つの方法論というよりは研究者グループによってアプローチの方法が複数存在すると言われている。

本章では、国語科への還元を目的に援用するという観点から、言語構造がコミュニケーションの社会的機能に呼応して発達してきたとみる、ハリデーの選択体系機能言語学を拠り所とするフェアクロフの論を援用する。ハリデーの理論を拠り所として、この流れを汲み発展してきた学派は、イギリスやオーストラリア、ドイツ、フランス、オーストリア、オランダ等に存在する。

[5] ニューロンドン・グループは、グローバリゼーションやポスト産業主義社会に必要とされるリテラシーとして、一九九六年にその理論的枠組みを提案し（New London Group, 1996）、二〇〇〇年には社会・文化的多様性に対応した言語の複数性や、情報通信技術の革新に伴う多様なコミュニケーション様式を中心とした言語教育の枠組み、それに伴う各研究分野の成果を一冊の本にまとめた。同グループは、多様なコミュニケーション様式の変化に対応すべく、「デザイン」という語をキーワードに新たなパラダイムを提案した。そして、新旧様々なコミュニケーション様式を、場に応じてメタ的にクリティカルに学び使いこなせるよう、教育内容と教育方法二方面からの提案を行っている。

[6] 今野（二〇一三）は、厳密には日本語には正書法がないことを論じているが、ここでは義務教育期間に学ぶ表記や語種の組み合わせやルールの範囲について述べている。

[7] プロットや設定、登場人物等の表現が、従来からの慣習的な方法に留まらず、読者に多層的な意味や、挑戦的な読み方を誘うようデザインされている絵本のことである（Anstey 2002, p. 447）。

参考文献

『AERA with Kids』朝日新聞社出版、二〇〇八年一〇月

足立幸子（二〇〇五）「マルチリテラシーズ」『月刊国語教育研究』通巻三九五号、日本国語教育学会、四六—五一頁

岩原昭彦・八田武志（二〇〇四）「文字言語における感情的意味情報の伝達メカニズムについて」『認知科学』第一一巻第三号、二七一—二八一ページ

ウォルター・J・オング（桜井直文ほか訳）（一九九一）『声の文化と文字の文化』藤原書店

今野真二（二〇一三）『正書法のない日本語』岩波書店

佐伯胖・佐々木正人（一九九〇）『アクティブ・マインド』東京大学出版会

ジーン・レイヴ（エティエンヌ・ウエンガー）佐伯胖（訳）・福島真人（解説）（一九九三）『状況に埋め込まれた学習』産業図書

佐々木正人（二〇〇三）『レイアウトの法則』春秋社

佐藤慎司・熊谷由理（編）（二〇一三）『異文化コミュニケーション能力を問う』ココ出版

泉子・K・メイナード（二〇〇八）『マルチジャンル談話論』くろしお出版

竹川慎哉（二〇一〇）『批判的リテラシーの教育』明石書店

タン、ショーン／岸本佐知子訳（二〇一二）『ロスト・シング』河出書房

塚田泰彦（一九九九）「学習者のテクスト表現過程を支える二十一世紀のパラダイム」『国語科教育』四六、全国大学国語教育学会、八—九頁

松山雅子（二〇〇八）「読む書き言葉と見る書き言葉」『月刊国語教育研究』通巻四三七号、日本国語教育学会、四—九頁
茂呂雄二（一九九一）「教室談話の構造」『日本語学』一〇巻一〇号、六三—七二頁
野呂香代子・山下仁（編著）（二〇〇一）『「正しさ」への問い——批判的社会言語学の試み』三元社
ノーマン・フェアクロー（貫井孝典監訳）（二〇〇八）『言語とパワー』大阪教育図書
ヴォダック・R、マイヤー・M（野呂香代子監訳）（二〇一〇）『批判的談話分析入門』三元社
Anstey, M. (2002). It's not all black and white. *Journal of Adolescent and Adult Literacy,* 45(−6), 444–457.
Anstey and Bull (2004) *Language and Literacy education.* Cambridge: Polity Press.
Carey Jewitt and Gunther Kress (2008) *Multimodal Literacy.* London: Peter Lang.
Cope, B., Kalantzis, M. and New London Group (eds.) (2000) *Multiliteracies: Literacy Learning and the Design of Social Futures.* London: Routledge.
Fairclough, N. (2001) *Language and Power.* (2ed.) Harlow: Longman.
Fairclough, N. (2010) *Critical Discourse Analysis: The Critical Study of Language.* (2ed.) London: Routledge.
Kalantzis, M. and Cope, B. (2008) Language education and multiliteracies. In May, S. and Hornberger, N. H. (eds.) *Encyclopedia of language and education.* (2ed.) Vol. 1: *Language policy and political issues in Education,* 195–211. London: Springer.
Kern, R. (2000) *Literacy and Language Teaching.* Oxford: Oxford University Press.
Kress, G. (2003) *Literacy in the New Media Age.* London: Routledge.
Kress, G. (2010). *Multimodality: A Social Semiotic Approach to Contemporary Communication,* London: Routledge.

Kress, G. and Leeuwen, T. (2006) *Reading Image:* The Grammar of Visual Design. London: Routledge.

Leeuwen, T. V. (2008) *Discourse and Practice: New Tools for Critical Discourse Analysis*. Oxford: Oxford University Press.

Luke, A. and Freebody, P. (1997) The Social Practice of Reading. In S. Muspratt, A. Luke and Freebody, P. (eds.) *Constructing critical literacies: Teaching and learning textual practice* (pp. 184–226). New Jersey: Hampton Press.

New London Group. (1996) A Pedagogy of Multiliteracies: Designing Social Futures. *Harvard Educational Review*, 66, 60–92.

Reisigl, M. and Wodak, R. (2001) *Discourse and Discrimination*. London: Routledge.

Wodak, R. and Meyer, M. (2001) *Methods of Critical Discourse Studies*. London: Sage.

4章　越境する「私たち」と教育のフィールドワーク
――対話的オートエスノグラフィーの試み

井本由紀・徳永智子

1　「かかわり」のはじまり

私たちが二〇一三年の夏に初めて出会った日から、今日この文章を書き綴るまでの経緯を振り返ってみると、様々な形で対話を重ね、「共感の場」があることへのありがたみを分かち合ってきたように感じられる。共通の人類学者の友人から「二人は気が合うと思うから」との呼びかけで、アメリカで教育学の博士号を取り終えて帰国したばかりの徳永と、イギリスで社会人類学の博士号を取り日本の大学に勤め始めてから三年が経過していた井本、そして同じくイギリスで学びその後日本にあるアメリカの大学に勤めている友人とで、新宿のタイ料理屋で集まった。同学年でもあり、やはり共通点が多く、留学し、日本と海外を行き来する生活のことから、これからどういう研究をしていけばよいのか、フィールドワークの経験、家族の話、海外での幼少時代の経験、女性としての生き方について、さらに音楽の話や、身体と精神性の話など、話題は尽きなかった。

二人で「オートエスノグラフィー」（自分を研究対象とするエスノグラフィー）を書こうと決めたのは、タイ料理屋での出会いから数ヵ月後にイギリスの学会で再会したときである。井本の発表後に、徳永との議論が始まった。そこで井本は自分の「日本研究における日本人ネイティブ人類学者」および「越境者」としてのアイデンティティについて発表したのであるが、徳永から指摘されたことは、自分のアイデンティティの問題や自分の経験を十分に書けていない、自分を出すことに抵抗があるのではないか、ということだった。共同でこの問題に取り組むことで、互いの共通点と相違点を確かめ合いながら、対話の経験と変容のプロセス、そして対話の中にある「自分」を記述することのほうが、可能性を秘めているのではないかと合意した。

「対話的オートエスノグラフィー」の試みをとおして、「私」について「私」が語るというオートエスノグラフィーをより動態的な、学び合い・かかわり合いのプロセスにできるのではないだろうか。実際に書く作業を始めてみると、「対話」を記述として再現することの難しさを痛感する。「話しことば」の「かかわることば」を「書きことば」の「かかわることば」に移行するのは容易ではない。しかしそのもどかしいプロセスを、そのプロセスの矛盾や理不尽さを含めて、伝えたい。本章は、対話と記述を繰り返すことでつくり出される対話的オートエスノグラフィーの実践とその過程の難しさや限界を提示することで、「かかわることば」を「書く」ことはなぜ必要で、それはどこまで可能か、という問題を読者にも投げかることを目的とする。対話をとおして、私たちが学び実践してきた教育のエスノグラフィーを振り返り、私たちの研究を行う視点や枠組みの変容について記述していく。

エスノグラフィーの手法

ここで、私たちが研究で取り組んできた「エスノグラフィー」の手法について概観することで、エスノグラフィーと「かかわる」《エンゲージメント》ことがいかに密接に関係しているか、またその関係の難しさ・複雑さについて考えたい。エスノグラフィーは参与観察型のフィールドワークと、フィールドワークで得た視点の詳細な記述を核とした、人類学的な手法であるが、教育、医療、経営、開発など様々な分野で関心を集めている。八〇年代にアメリカの文化人類学を中心に展開された「言語論的転換」「ポストモダンな転換」(藤田・北村 二〇一三)以降、調査者による調査対象の客体化の政治性が問題視され、調査者が「自分の立場を振り返ること」、つまり自己再帰性《リフレクシビティ》(藤田・北村 二〇一三参照)が重要視されるようになった。人類学の調査手法と成果物そのものをさすエスノグラフィー(民族誌)は、異文化を「科学的」に説明する試みから、調査者がどのような感情に影響されながら、どのようにフィールドの人々との関係性を築き、どのようにその主観的現実をことばで紡ぎ出そうとしているのかをも捉える試みへと変化してきている。エスノグラフィーは単なる研究手法ではなく「生き方」や「あり方」とかかわってくる活動であり、つまり「私とは何か」、「調査対象あるいは教育の対象である他者をどう認識すればよいか」ということを問いつづける哲学である、と私たちは考えている。エスノグラフィーのそのような「自己内省的」な側面を記述の中心に据えたのが、自分を研究対象とする「オートエスノグラフィー」である。この手法は、人類学者よりはむしろ感情社会学者（たとえば Ellis 2004）によって感情を排除する社会科学への批判として確立され、近年では日本でも教育や看護医療、障がいの当事者研究者の間で注目されている（佐藤 二〇一一／野口 二〇〇二／鈴木 二〇〇九）。社会学者・岡原正幸（一九九八、二三ページ）は次のように述べている。

おそらく、厳格に「科学的」な書きようを信奉するひとたちは、一人称を一切つかわない。どうやら「私は……」と書くのを恥だと心得ているのかもしれない。とはいえ「私」を個人的に恥じているわけではないだろう、だとしたら、それはたんなる内気だということになってしまう。恥というのもなにか違うだろうとは思う、またたとえ恥じたとしても、そういった羞恥の背後には、いつでも何かしらの規範とセルフイメージが控えているものだ——この手の語り口を、実は僕は問題化したいのだが、僕の叙述から完全に排除することがどうしてもできないのだ。それらを、たとえば「客観性」への意志、態度、演技、体裁、あるいはそれらが制度化されたもののシンボルだと解釈することは、もちろん可能である。著者が対象に距離をとり、対象を客観的に認識する、つまり対象の認識を主観的な「偏向」から防衛するということは、長い間、科学という営みがみずからに課していた掟のひとつなのだから。だがそうであることを証明するのは、思いのほか難しい。

岡原が指摘するように、私たちが「客観的な研究」の立場から自由になることは、科学的な知識の制度の内部に身を置いている限り、難しい。研究書の中には、「私」の立場から、研究者自身のライフヒストリーや研究の経緯を考察したものも少なからずあるが（秋田・恒吉・佐藤 二〇〇五／細川 二〇一二／倉石 二〇〇七）、国内の学会や学会誌で「私」について語ることを研究としている例はほとんどみられない。そのようななか、自分と向き合い、自分について公に書くことはやはり「恥ずかしい」し、学術的な価値があるのか、論文に値するのかという不安や葛藤もある。本章にも、そのような戸惑いから抜け切れていない私たちの感情が、滲み出ているようにも思われるのである。

対話的オートエスノグラフィーの方法——データ収集と記述

対話的オートエスノグラフィーは、対話をとおして自己を振り返り、そのプロセスを共同で記述する方法である。私たちの対話的オートエスノグラフィーの実践過程をここで振り返ってみよう。二〇一三年に出会ってからの二年間の中で、徳永は日本学術振興会の特別研究員ポスドクをしつつ、そのうちの半年間はアメリカの大学で客員研究員に従事し、その後、大学教員となった。井本は日本での大学教員としての仕事に主軸を移しながらも、徳永をはじめとするアメリカやオーストラリアで学んできた学者との新たな交流や日本国内の文化人類学者の仕事に刺激を受け、研究面での新たな方向性を探ってきた。この間、定期的に話し合いの場を設け、お互いの研究、子どものころや留学時代の経験、将来像などについて共有し、さらにメールで振り返り、記録していった。オートエスノグラフィーの先行研究の蓄積がある欧米の研究者に向けて英語で論文を執筆し、人類学の国際学会で自己再帰性をテーマにしたパネル討論を組み、二人で論文を発表した。徳永が井本の担当する授業やゼミにゲストとして参加し、学生とも交流し、授業実践を振り返った。留学生と「日本人」学生とともに多文化が進む地域でフィールドワークを行う共同授業も始めている（徳永・井本 二〇一七）。エスノグラフィーのフィールドワークと同様に、日常のたわいもない会話や行動から得た気づきも「データ」として書きとどめた。すきま的な場や瞬間でこそ、感情が表出したり、お互いの変化にふと気づいたりすることあるからだ（西井 二〇一三、六項）。また、このような日常的な対話を重ねることは、対話的オートエスノグラフィーにおいて重視されている研究者間の信頼関係や友情関係の構築（Chang et al. 2012）にもつながるだろう。

野口（二〇〇二、四三項）に指摘されているように、このような「自分語り」は「自意識過剰な人」あるいは「ジコチュウ」な人と批判されるリスクがあるかもしれない。しかし対話的オートエスノグラフィーには、書き手たち自身の学びや自己理解を深め、変容を捉え、ケアやヒーリングやエンパワーメントを促す利点がある（Ellis and Bochner 2000）。同時に、「私的」な領域で共有してきた対話を書き記し、より多くの仲間と「公的」に共有することで、従来の科学的な現実の追究・提示から、「かかわることば」に接近していく実践が増えていけばという期待もある。

対話的オートエスノグラフィーの難しさとして、複数の声をどのように立体的に言語化させるかという点がしばしば語られる（Chang et al. 2012; Geist-Martin et al. 2010）。私たちの「声」を統合させることも可能だが、差異にも目を向けるため、対話形式の記述を選んだ。しかし、実際は日々の対話の中でそして本章を書いていくなかで、お互いの考え方と記憶とナラティブに大いに影響を与えあっているため、個人の

「声」として記述することは暴力的な行為でもあるのかもしれない。表象の難しさはつねに残る。

私たちが重ねてきた対話を記述として再現する際に、語り掛ける二人称の相手（それは私たちお互いのことであり、この文章に触れる読者のことでもある）をより意識させるため、敬体（です・ます調）を使用することにした。常体よりも、ふだんの話し言葉に近く、対話の雰囲気を残しつつメッセージを伝えられるとも考えた。けれども、実際は、文章で効率的に読者に向けて伝わるように書くとなると、私たちが日ごろから対話している言葉そのままを再現することはできない。書き下ろしたテキストで再現できるのは、目に見えないところでの多くの対話の氷山の一角でしかない。対話をお互い文章に書き下ろして、その文章となった言葉を対話させている。

2　エスノグラフィーとのかかわり――教育と人類学の視点から

教育現場でのフィールドワークを行い、それを学術的に記述し分析するプロセスを学び、実践していくなかで、私たちは上記のように「かかわらない言葉」と「かかわることば」のはざまを揺れ動いてきている。エスノグラフィーに「わたし」の存在をどの程度出していくべきか、どのような視点（認識論）と現実（存在論）の前提で記述するかは、同じエスノグラフィーの手法を使う研究者でも異なる（Horiguchi, Imoto and Poole 2015）。私たちの間でも、大学院で受けた教育とエスノグラフィーの捉え方が違うという点が対話をとおして分かり、同時に対話をとおしてお互いの考え方や用いるボキャブラリーは変容してきている。お互いに共通していることは、日本と海外を行き来し、指導を受ける学生から自立した研究者へと成長するなかで、「客観的」な研究に対する違和感と向き合い、「自分」の立場性（つまり「主観」）を中心に据えるようになったことである。「かかわらない言葉」から「かかわることば」の視点と記述方法への転換といえるのかもしれない。

手法としてのエスノグラフィーを学ぶ

井本：イギリスで社会人類学を専攻しているとき、授業でエスノグラフィーの手法を体系的に教わることはありませんでした。エスノグラフィーは暗黙知であり、経験をとおして知りうるものであるという考え方が根付いていたからです。ひたすらエスノグラフィーのモノグラフを読み、指導教授と議論し、フィールドワークの経験談をたくさん聞くなかで「人類学という仕事」を感覚的に身に着けていき、フィールドに出る準備をすることが期待されていました。修士時代に読んだエスノグラフィーはレヴィ＝ストロース、エドマンド・リーチ、メアリー・ダグラスなど、構造主義的な（二項対立的な社会構造のモデルの）記述が主であり、異国の地での出会いと経験から導き出されたそのモデルやストーリーラインの理性的な「美しさ」にまずは感銘を受けました。選択科目として「日本の人類学」という授業を受けたのですが、そこでは、日本社会がたとえば「ウチ」と「ソト」、あるいは「包む」という概念で説明されているエスノグラフィーを読みました。「なるほど」「その通り！」と、自分が日本で生活するなかで抱いていたモヤモヤした感覚が言語化されていくたびに、自文化である「日本」を人類学することに惹かれていきました。その後、授業では構造主義的・機能主義的な研究は本質主義的であると批判する論文に触れていきますが（たとえば、マルクス主義的な立場、あるいは行為者中心主義的な立場からの批判）、それらはやはり「日本社会」を離れたところから捉え、分析し、批判するためのモデルとして学びました。遠いイギリスで「日本社会」や「日本の教育」について英語で概念的に学ぶことに開放感を覚えていたのかもしれません。その「切り離し（detachment）」（佐伯 1章）が違和感や問題意識へと変わっていくのはフィールドワークを開始してからでした。

博士課程では日本のインターナショナルスクールでフィールドワークをし、日本人の親の立場と外国人教師の立場からの子どもの進路・ことばの教育に対する考え方について調べました（Imoto 2015a）。フィールドでは子どもの発達やアイデンティティに関する親たちの悩み、葛藤、不安、考えの移り変わりに日々向き合い、また、親しくなった教師たちの抱える私的な、しかし学校現場やキャリアともかかわる問題（同僚間の不仲や嫉妬、恋愛問題、日本社会への適応の問題など）に引き込まれていきました。しかしフィールドワークの最中は自分にとって中心的であった「私的」な関心ごとの大半は、最終的には倫理的な制約のため、あるいは論文のストーリーには不必要と判断していたため、書きませんでした。

日本でフィールドワークを終えてエスノグラフィーを書くためにイギリスの大学院に戻ると、「フィールドで経験したことや観察したことを異質なものとして捉える努力が必要だ」という助言をたびたび受けました。つまり、自分の一部となったフィールドと、距離を置くことでより客観的に捉える作業が、論文を書く段階では必要であることを教わりました。社会人類学者は当事者でも代弁者でもないのだ、と。

徳永：私は、留学前に日本の大学院の教育学研究科で教育社会学を専攻していたのですが、そこでは教育現象を明らかにするための研究手法の一つとしてエスノグラフィーを学びました。質的方法の授業では、佐藤郁哉さん（二〇〇二）や箕浦康子さん（一九九九）などのテキストを使用し、フィールドワークとは、「対象として選んだフィールドがどのような文化的意味に満たされているのか、そこで生活する人はどのような意味世界に生きているのか、制度は行動や意識をどのようにしばっているのかなどを理解する一つの方法」（箕浦 一九九九、一一ページ）と理解していました。「客観的」な現実を捉えることができるという実証主義的な立場が強かったので、たとえば、フィールドノーツを付けるときは、自分の考えや感情はフィールドの記述と区別して書くことを学びました。

しかし、修士論文でニューカマー生徒の進路意識形成のモデル化を試みて、ニューカマー生徒が多く在籍する公立中学校でフィールドワークを行うようになると、「客観的」な研究のあり方に疑問をもち始めます。フィールドでは、主に母親の国際結婚に伴って連れ子として来日したフィリピン系女子生徒七名と深くかかわり、彼女たちがどのように将来展望を考え、進路意識を形成しているのかを考察しました（徳永 二〇〇八）。当初の予想とは反し、日本の高校進学をそもそも希望しなかったり、渡米とフィリピンへの帰国のはざまで揺れ動いたりと、子どもたちが紡ぎ出す多様な「声」が聞こえてきました。また、私との対話の中で、進路や将来の夢について考えを深め、変容していくプロセスもありました。そのような変化や多様性や複雑性を取捨して、一つの「現実」の究明を目指して、フィリピン系女子生徒の進路形成メカニズムのモデルを提示することに違和感を感じ、「論文が書けない」という問題に直面しました。そのようなときに、ある大学教員から、私と子どもたちとの出会いを書くようアドバイスをいただきました。私という存在をとおして、私が彼女たちとかかわったからこそ分かったこと、彼女たちが私とシェアしてくれたこと、私が彼女たちから学んだことを書けばよい、ということ気づきました。これが、研究者としての私の存在、アイデンティティ、立場性について深く考えていくきっかけになりました。

エスノグラフィーを書くことの葛藤

徳永：以前お話しした違和感をもちつつ、アメリカの大学院に留学し、教育学部で教育人類学を学びました。人類学部で開講しているエスノグラフィーの授業を受けると、エスノグラフィーがとる理論的立場（実証主義、解釈主義、ポストモダンなど）が体系的に紹介され、どの理論的視点に立つかによって「現実」の捉え方が違うことを知りました（理論的立場についての詳細は、今田（二〇〇〇）を参照）。授業でのディスカッションや課題をとおして、以前行ったフィールドワークの経験を振り返り、「自分自身の多様なアイデンティティや人生経験がフィールドでの経験に影響を与え、自分が道具となって、意味付与しているのだ」と考えるようになりました。

また、論文を書くうえで、エスノグラファーのアイデンティティや立場性を再帰的に振り返ることが重視され（詳細はBehar 1996参照）、日本でかかわったフィリピン系の生徒と私とのアイデンティティの違い、私がもつ特権性、どのような関係を構築したのかについてさらに批判的に考えました。日本では、私は、日本国籍をもち日本語を母語とするマジョリティであり、ミドルクラスであり、国立大学の院生です。一方で、子どもたちは、外国人であり（とくにアジア系女性）、言語的マイノリティであり、複雑な家庭背景をもつワーキングクラスであり、様々な教育制度の壁を経験しており、非常に周辺化されていました。そのような違いや私がもつ数多くの特権を意識化したときに、私が彼女たちの人生に入り込み、「代弁者」的に、彼女たちの生活世界について描いてしまってよいのだろうか、その行為こそが暴力的とは言えないだろうか、という深い疑問に直面しました。修士論文では、私の特権やアイデンティティを反省的に振り返り、そのプロセスも含めて論じることはしませんでした。日本で所属していた学会でも、研究者自身について書いていくこと、ポジショナリティについて再帰的になることは主流とはなっていませんでしたし、現在でも周辺的な位置にとどまっているように思います。自己内省的なエスノグラフィーに親近感をもつなかで、今後、どのようにエスノグラフィーとかかわっていくのか、私とエスノグラフィーの関係をどう理解していくのか、日々考えています。

井本：私も同じような葛藤の中から「主観」を重視するようになってきましたが、それはとくにイギリスの大学院を卒業して日本に戻ってからです。もちろん博士論文でも自己再帰性については論じましたが、そのような作業は、人類学においては「しきたり」として必ず方法論の章で書くことです。自身の理論的前提と主観的バイアスを明示することで客観性を担保できる、と大学院では教わりました。

私が真剣に研究者としての立ち位置について悩むようになったのは、日本で研究活動をするようになり、同時に海外の日本研究者との活動も続けているなかで、アイデンティティが乖離していく感覚を覚えるようになってきてからです。帰国直後に海外の日本研究者と共著で「日本の若者」と「教育」が問題化される過程を、事例をとおしてモデル化することを趣旨とした本を出版しました（Goodman et al. 2011）。その本を日本語で訳し出版することになったとき、自分が英語で執筆していることを日本語で日本人に向けて出すことに抵抗を感じました。自分が英語で書くことと、日本語で書くことでは、そこに描かれる「現実」は違う。それは言語が規定する思考の溝（Sapir 1921）の問題であるのか、それとも私が読み手を意識して、都合よく現実を書き換えているのか。越境経験を繰り返すことで、特定の言語で伝えられるのは、ごく限られた現実であることを認識するようになりました。でもどうにかことばで、フィールドワークの経験、そしてつねに残る違和感、裏切り感を伝えられないのだろうか。こうして日本と海外を行き来する若手研究者のアイデンティティと、グローバル化する高等教育市場の中での言語使用と知識のありかたに興味をもち、自分と似た立場に置かれた研究者へのインタビュー調査や、オートエスノグラフィーを試みてきました（Imoto 2015b）。自分の実践、日々の生き方や大切と思っていることと、自分がことばとして書くこととの乖離をどう狭めていくのかを模索していますが、対話的オートエスノグラフィーはその一環で重要な取り組みになっています。

3　教育の「研究」とのかかわり

教育現場でのフィールドワーク研究を行うなかで、私たちは社会科学的な「理論」と教育的な「実践」の間を揺れ動いてきている。大学院生から研究員、教員となる過程で「実践」への関心がお互い強まっている。井本にとっては、日本の大学での英語教師としての経験、異文化交流プロジェクトへのかかわり、授業をとおしての学生とのかかわりによる意識の変化があげられる。徳永にとっては、ポスドク中に客員研究員として研究・教育活動に従事したアメリカの大学で、学習と奉仕活動を連関させたサービス・ラーニングの実践や地域コミュニティとの協働のあり方を学んだことが大きい。高等教育のグローバル化が進み欧米型の「グローバルスタンダード」で測れる「研究」を推進していくことが期待されるなか、現場での実践との乖離に直面し、お互いにとっての「研究」の意味は何なのか、対話を重ねてきている。

研究のベクトルの多面化

井本：先ほど述べたように、学位取得後に日本に帰国してから、誰に向かって何のために教育のエスノグラフィーを行うのかという問題に直面しました。教育現場の研究をするということは、実践者としてかかわりながら、参与型の研究で得た知見を現場、そして変容する自分自身へ還元していくことが重要なのだという認識が強まっていきました。

日本社会や教育現場を構造的に批判したい場合、しかもエスノグラフィーの手法を使って制度を批判し、「権力関係」を明示していきたい場合は、距離は必要であり、「外」からのほうが発信しやすい研究というのはあるはずです。かかわりすぎると、見えなくなってしまうこともあるのかもしれません。博士論文では日本のインターナショナルスクールの市場が構造的な差異の上に成り立っていることに注目しました。そこには欧米的な「文化」、ネイティブな「英語」が優位とされ、そのような文化資本を保持しているひとが優遇されていることは想像できるでしょう。インターナショナルスクールのプリスクールで働く教師の大半はアジア出身（主にフィリピン出身、あるいは日本人女性）であり、現場では「英語」や「インターナショナル」には多様な意味がある一方で、消費されるイメージのレベルでは欧米的な「グローバル教育」が依然として主流であることについて考察しました。しかしエスノグラフィーをとおしてこのような構造的批判をしたところで、現場にとって有益な知見を返すことはできるのでしょうか。

書くことの葛藤や違和感を抱えているときに、外国語教育の共同研究プロジェクトの一環で始まったのが「三田の家」という大学の地域の連携を目的とした交流スペースでの異文化交流実践でした。留学生、日本人学生、地域の人々にひらかれた場で、食をとおして交流し、関心あるテーマについて発表し、議論する場を提供するスタッフの一員として、実践にかかわりながら、それについてのエスノグラフィー研究も行いました（Horiguchi and Imoto 2015; 堀口・井本 二〇一三）。三田の家の研究についての論文は、構造的分析と批判という目的よりも（そういう一面も必ずありますが）、実践の記録と振り返りという目的のほうが強かったと思います。とくに、三田の家の活動が終了することが決まってから書いた論文では、そこで行われていた異文化交流実践のあり方を、ことばとして残すこと自体に価値があると感じました。それは、地域・国際交流や留学生支援を試みる大学教員のための実践報告でもあり、高等教育のエスノグラフィー研究の手法に関心のある研究者のための事例であり、また、自分自身を振り返り今後の活動展開を考える際の資料でもあります。理論構築に向かう実証研究を重んじていた院生のころはこのような実践型プロジェクトへのかかわりが「研究」につながっていくとは考えませんでしたが、教員となり、現場とのかかわり、ひいてはその場での自分と他者とのかかわりへと関心が移りつつある今では、「研究」の指向性が多面化してきているように思います。

徳永：私もこの一〇年間を振り返ると、「研究」の捉え方が多様化し、教育現場とのかかわり方も変化したと思います。修士論文の研究をしていたころは、教育実践とは少し距離をとり、フィリピン系女子生徒の進路形成過程を明らかにすることで、学術的な貢献をすることを目指していました。もちろんニューカマーの子どもたちの教育支援を行う教員やスタッフへの実践的示唆を提供することも目的の一つとしていましたが、基本的にはエスノグラファーの私がフィールドに入り、データ収集をして、その後データ分析をして、理論や先行研究に位置づけて論文を書くことが研究だと考えていました。フィールドの中学校の教員からは、多くの研究者が訪れてはインタビューをし、観察をして去っていき、現場にその知見が還元されないということが憤りとともにたびたび聞かれました。可能な限り現場にも貢献しようと思い、ボランティアで学習支援をしたり、子どもたちの悩み相談を受けたりしましたが、教育実践との距離は大きかったように思います。また、フィールドワークを重ねるなかで、私と研究対象者との間にある権力構造をどう理解し、どう対応すればよいのか疑問を持ちました。そのころから、理論にも実践にも貢献できる研究のあり方について考え始めたように思います。

アメリカに留学して、博士論文を執筆した際は、学校やNPOなど教育現場への実践的な貢献をすることに意識的になったと思います。博士論文では、エスノグラフィーの手法を用いて、アジア系アメリカ人女子生徒のアイデンティティやホーム（居心地の良さを感じる場所・空間・コミュニティ）の研究をしました（徳永 二〇一四、Tokunaga 2016）。このテーマ選びは、若いアジア系アメリカ人女性の高い鬱発生率・自殺率とも関係しており、彼女たちのエンパワーメントも目的としていたので、さらに実践的な示唆を考えることになったのだと思います。フィールドは、アジア系アメリカ人の子ども・若者の教育支援を行うNPOで、主に高校で開催されていた放課後支援プログラムでフィールドワークをしました。プログラムコーディネーターと行動をともにし、生徒たちに日本語を教えたり、ファシリテーターの補佐をしたり、また私自身が「日本文化」やアートをテーマとしたワークショップを行うこともありました。この経験から、実践および研究において、コーディネーターとの協働の可能性について考えるようになりました。

ポスドク中に、この試みを実現すべく、アメリカ東海岸にある中国人移民高校生の支援を行うNPOでフィールドワークを行い、プログラムコーディネーターと共同で居場所づくりをテーマとしたワークショップを実施しました。中国人高校生の居場所づくりについて調査するとともに、生徒たちに役に立つツールや視点を提供することも目指しました。コーディネーターはアジア系の若い女性ということで関係性も築きやすく、彼女と対話を繰り返し、ともにワークショップを行うことで、居場所という日本の概念を英語に置き換え、子どもたちが理解できるよう抽象度を下げて紹介することがより効果的にできたのではないかと思います。この実践を振り返り、コーディネーターと共著論文も執筆しました（Tokunaga and Huang 2016）。実践者と対話を重ね、共に知を産出し実践を創る作業は、難しい点もありますが、これまで私が捉えてきた「研究」の境界を広げることにつながっているのではないかと思います。アクションリサーチなど、研究対象者と研究者の協働はいかに可能なのか、さらに実践をとおして考えていきたいです。

「ローカル」への志向

井本：イギリスの大学院に在籍していたときや、帰国して間もないとき、つまり研究活動の主軸が海外の研究者と欧米の大学にあったときは、英語の論文を中心に読み、英語で書くこと、欧米のジャーナルに論文を発表して業績を増やしていくこと＝研究活動だと思っていました。いつの間にかそういう価値観を大学院生やポスドクは植えつけられていくのだと思います。成果至上主義・グローバル資本主義の時代に大学で職を得るにはそうせざるをえないからです。

日本に戻り数年が経ち、外国語教育や異文化間コミュニケーションの分野の研究者、市民活動に取り組んでいる地域住民との交流の中で考え方が変わってきています。ローカルな現場や制度（教室、地域交流スペース、家族、大学）に多様性と可変性をどうもたらせるかを模索しています。グローバルな学術市場での価値基準で競い、欧米の理論構築に貢献をすることで生み出せる幸福と、対話する相手が見えるレベルでのローカルなコミュニティで実践を行い、学びと変容の場の形成のためにエスノグラフィーを用い、かかわり合っていくことで生み出される幸福度のどちらのほうが大きいでしょうか。英語で欧米の理論を駆使し、ジャーナル論文に書く「言葉」と、地域のコミュニティ交流活動の運営スタッフと一緒に共有する振り返り記録の「ことば」のどちらが、現場に響くものでしょうか。

もちろん、これまで築いてきた世界の研究者とのつながりを大切にし、対話を促進したいとも考えており、西洋の理論的枠組みが支配的な世界の人類学の中で、周縁・境界から発信することの重要性を認識しています (Imoto 2015b)。「グローバル」な学術ネットワークでの英語での活動と、国内の研究者・学生・一般読者に向けた日本語での活動のバランスを取るのは難しく、また、自分の中にある両者の視点を統合させ、自分のことばを見出すのは難しいです。ただしその葛藤からこそ私たちの対話や新たな問いが生まれているのではないでしょうか。

徳永：私たちは海外で学位を取り、英語でも日本語でも研究・教育活動ができるということで、学会でも大学でも国際化や英語に関連する仕事をする機会が多く、日本の高等教育の国際化を推進することが期待されているように思います。このような立場にあるからか、グローバル人材育成の言説の中で研究者に求められていることは何かを考えます。欧米の理論構築を目指して、海外の研究者と共同研究を行い、欧米の一流ジャーナルに論文を発表する重要性が指摘されるなか、地域コミュニティで実践を積み重ね、コミュニティ貢献とも結びつけることができないか、模索しています。海外とのつながりを意識しつつ、地域コミュニティとゆるやかな関係を結び、そのコミュニティに住む人々と深くかかわるなかで、新しい視点やことば、実践を共に生み出していくことは可能なのかと。

それを考えるヒントを与えてくれたのが、ポスドク中にお世話になったアメリカの州立大学のアジア系アメリカ人研究の学部とそこの教員・スタッフ・学生たちです。インドシナ難民など、ワーキングクラスの移民学生が多く学ぶ学部であり、学生たちの出身地域でもある移民コミュニティと強い信頼関係とつながりをもち、学校やNPOなどと連携し、コミュニティ支援を積極的に行っていました。大学の授業では、卒業生から地域コミュニティの活動家など多様なゲストスピーカーを招致し、コミュニティへのフィールドトリップを頻繁に行っています。また、サービスラーニングの一環として、学生が大学教員の指導を受けつつ、地域コミュニティで長期のインターンシップを行い、学生たちは地元のNPOや学校で様々な貢献をしていました。コミュニティの実践に力を入れつつも、海外からの訪問者も積極的に受け入れ（私もその一人です）、海外の研究者や大学とネットワークをつくる取り組みも見られました。

現在は、先ほど述べた目標を実践する試みとして、日本の多文化共生・マイノリティ・教育などをテーマとし、留学生と「日本人」学生を対象とした共修授業の実践を進めています。今後、留学生と「日本人」学生、留学生とニューカマー生徒、大学と地域コミュニティなど、グローバルとローカルを多層的・多元的につなぐ実践を展開していき、教育の「研究」と「実践」へのかかわり方の可能性をお互い探っていきたいです。

4 流れ続ける対話と、「今」を捉えるエスノグラフィー

本章では、ここまで、越境する私たちがかかわってきた教育のフィールドワークを再帰的に振り返り、私たちがエスノグラフィーを実践し教育の研究を行うなかで、いかに研究を行う視点が変容したかを記述した。五—七年の時間経過の中で、「学生」から「教師」「研究者」への立場の移行があり、米国あるいは英国と日本との行き来、そしてそれに伴う学問的枠組みや視点の行き来があった。とくに、対話をとおして明らかになったことは、「科学的」な現実の追究から、自己内省的に多様なリアリティを捉える立場への変化があったことである。そして、私たちの研究が、欧米の理論構築だけでなく、「ローカル」な場で行われる実践への貢献を含めたものであるという認識への変容もあった。ここで、かかわることばの視点から、私たちの対話的オートエスノグラフィーの試みをもう一度振り返ってみよう。

まず、対話的オートエスノグラフィーが生まれる背景として、エスノグラフィーを用いる分野の中で、「かかわらない言葉」から「かかわることば」へのシフトが展開されていたといえる。フィールドワークに基づく研究を今後展開していくうえで、自分の「かかわり」を書き込んでいくこと、そして自分をより相対的に捉え、変容を促しながら書く作業を行うために複数名のフィールドワーカーと対話的に書き並べていくことを提案したい。

ことばの教育のフィールドワーカーとして地域コミュニティとかかわるなかでは、いかに共同でエスノ

グラフィーを書くことができるか、いかに多様な声や些細な感情を捉え、伝えていくことができるかを模索し続けることが重要であり、対話的オートエスノグラフィーはその出発点である。私たちも今後は、「自分」を語りつつ、フィールドで出会った人々の声とどう対話させていくかということに挑戦したい。研究を成果としてではなく学びのプロセス、人との分かち合い・学び合いのプロセスとして捉えていくことで初めて、教育と研究は連関・循環していくのではないか。人と向き合い、つながるためには自分と自分の立ち位置へ意識を向けていくことが必要であり、それを伝える「ことば」を紡ぎ出すとともに、文章上のことばからいかに想像力・共感力を広げていけるかが試される。

対話的オートエスノグラフィーの一番の難しさは、経験を文章として実体化していくことの葛藤と限界にあることが、今回の実践からも分かった。対話は私たちの思考やアイデンティティとともにつねに流れ、変容していくが、文章は、いかに「振り返り」を試みても、「今」を痕跡として残す作業にすぎない。話しことばを書きことばにする段階で、私たちの対話で発生した多くのことばが書き言葉には適さない余分なことばとしてかき消されてしまい、そのジレンマを感じた。また、対話の中で表出する多面的な感情、笑い、愚痴、溜息、ジェスチャーなど、その豊かさを残したまま、どのように書きことばに落としていくのかも悩んだ。書きかた自体も、対談形式でもなく、一つの声による論文でもなく、それぞれの声を残しつつも対話の雰囲気が残る文章を書きたいと思い、試行錯誤の結果、現在の形になった。

かかわることば、とは断絶された科学的な「ことば」をより主観的な「ことば」につなぎなおしていく作業であるのかもしれない。私たちはそのような認識からオートエスノグラフィーに取り組んだが、「ことば」を書くことには断絶が伴わざるをえないことを知ることになった。今後は、私たちの「かかわることば」の領域を拡張させ、他の媒体での表現——たとえば絵を描くこと、音楽を奏でること、写真を撮ること、演技をすること、より散文的に文章を書くこと——も対話的に試みることで、「ことば」はつねに不完全で限定的であることを認識しつつ、オートエスノグラフィーをより包括的で自由な行為として捉えていきたい。

参考文献

秋田喜代美・恒吉僚子・佐藤学（編）（二〇〇五）『教育研究のメソドロジー——学校参加型マインドへのいざない』東京大学出版会
今田高俊（編）（二〇〇〇）『社会学研究法　リアリティの捉え方』有斐閣
小國和子・亀井伸孝・飯嶋秀治（編）（二〇一一）『支援のフィールドワーク——開発と福祉の現場から』世界思想社
岡原正幸（一九九八）『ホモアフェクトス——感情社会学的に自己表現する』世界思想社
倉石一郎（二〇〇七）『差別と日常の経験社会学——解読する〈私〉の研究誌』生活書院
桑山敬己（二〇〇八）『ネイティヴの人類学と民俗学—知の世界システムと日本』弘文堂
桜井厚・小林多寿子（編著）（二〇〇五）『ライフストーリー・インタビュー—質的研究入門』せりか書房
佐藤郁哉（一九九二）『フィールドワーク——書を持って街へ出よう』新曜社
佐藤郁哉（二〇〇二）『フィールドワークの技法——問いを育てる、仮説をきたえる』新曜社佐藤智恵（二〇一一）「自己エスノグラフィーによる『保育性』の分析――『語られなかった』保育を枠組みとして」『保育学研究』第四九巻第一号、四〇―五〇ページ
鈴木隆雄（二〇〇九）「当事者であることの利点と困難さ――研究者として／当事者として」『日本オーラル・ヒストリー研究』六、六七―七七ページ
徳永智子（二〇〇八）「『フィリピン系ニューカマー』生徒の進路意識と将来展望――『重要な他者』と『来日経緯』に着目して」『異文化間教育』第二八号、八七―九九ページ
徳永智子（二〇一四）「国境を越える想像上の『ホーム』――アジア系アメリカ人の女子生徒によるメディア／ポピュラーカルチャーの消費に着目して」『異文化間教育』第四〇号、七〇―八四ページ
徳永智子・井本由紀（二〇一七）「多文化クラスにおけるチーム・エスノグラフィーの教育実践」『異文化間教育』第四六号（近刊）
西井涼子（二〇一三）『情動のエスノグラフィー――南タイの村で感じる・つながる・生きる』京都大学学術出版会
野口裕二（二〇〇二）『物語としてのケア――ナラティヴ・アプローチの世界へ』医学書院
藤田結子・北村文（編）（二〇一三）『現代エスノグラフィー――新しいフィールドワークの理論と実践』新曜社
細川英雄（二〇一二）『研究活動デザイン――出会いと対話は何を変えるか』東京図書
堀口佐知子・井本由紀（二〇一三）「チームでの実践を振り返る」藤田結子・北村文（編）『現代エスノグラフィー――新たなフィールドワークの理論と実践』新曜社、九四―九五ページ
箕浦康子（一九九九）『フィールドワークの技法と実際――マイクロ・エスノグラフィー入門』ミネルヴァ書房
山下晋司（二〇一四）『公共人類学』東京大学出版会
ロジャー・グッドマン／井本由紀／トゥーッカ・トイボネン／西川美樹（訳）（二〇一三）『若者問題の社会学――

視線と射程』明石書店

Behar, R. (1996) *The vulnerable observer: Anthropology that breaks your heart*. Boston: Beacon Press.

Chang, H., Ngunjiri, F. W. and Hernandez, K. A. C. (2012) *Collaborative autoethnography*. Walnut Creek: Left Coast Press.

Ellis, C. (2004) *The Ethnographic I: A methodological novel about autoethnography*. Walnut Creek: AltaMira Press.

Ellis, C. and Bochner, A. P. (2000) Autoethnography, personal narrative, reflexivity: Researcher as Subject. In Denzin, N. K. and Lincoln, Y. S. (Eds.) *Handbook of qualitative research* (pp. 733–768). Thousand Oaks: Sage.

Geist-Martin, P., Gates, L., Wiering, L., Kirby, E., Houston, R., Lilly, A. and Moreno, J. (2010). Exemplifying collaborative autoethnographic practice via shared stories of mothering. *Journal of Research Practice*, 6 (1), Article M8. Retrieved [January 9, 2014] from http://jrp.icaap.org/index.php/jrp/article/view/209/187

Goodman, R., Imoto, Y., and Toivonen, T. (eds.) (2012) *A Sociology of Japanese Youth: From Returnees to NEETs*. Abington: Routledge.

Horiguchi, S. and Imoto, Y. (2015) Fostering learning through unlearning institutional boundaries: a 'team ethnography' of a liminal intercultural space at a Japanese university. *Ethnography and Education*, 10 (1), 92–106.

Horiguchi, S., Imoto, Y. and Poole, G. (eds.) (2015) *Foreign Language Education in Japan: Exploring Qualitative Approaches*. Sense.

Imoto, Y. (2015a) "The international preschool" as a translocal field: An ethnography of the production of 'international education in Japan'. In Sabine Bollig, Michael-Sebastian Honig, Sascha Neumann, Claudia Seele (eds.) *MultiPluriTrans in educational ethnography: approaching the multimodality, plurality and translocality of educational realities* (pp. 79–98). New York: Columbia University Press.

Imoto, Y. (2015b). Dilemmas and Hopes within 'Globalizing' Japanese Higher Education. *Japanese Review of Cultural Anthropology*, 16, 131–140.

Sapir, E. (1921). *Language*. New York: Harcourt, Brace & Co.

Tokunaga, T. (2016) 'We dominate the basement!': How Asian American girls construct a borderland community. *International Journal of Qualitative Studies in Education*, 29 (9), 1086–1099.

Tokunaga, T. and Huang, C. (2016) "I feel proud to be an immigrant": How a youth program supports Ibasho creation for Chinese immigrant students in the US. In Ma, W. and Li, G. (eds.). *Chinese-heritage students in North American schools: Understanding hearts and minds beyond test scores* (pp. 164–179). New York: Routledge.

III部　ことばの教育

5章 授業を演劇化する「教える技術」
――英語教育者は学習者とどう向き合うのか

仲　潔

1 「教える技術」の危うさ

英語教育は、学習者とどのように向き合っているのだろうか。一見すると、無意味な問いであろう。というのも、学習者のことを思って、英語教師は真剣かつ真摯に向き合っているに違いないからである。本章のこのような問いは、何も英語教育に限ったものではなく、教育全般についても問い得る部分が少なくない（もちろん、英語教育特有の問題もある）。確かに英語教育は、幼児教育のように人生にかかわることばの教育でもなければ、日本国内における日本語教育のようにマイノリティ言語の教育でもないため、それほど大きな問題ではないと受け取られるかもしれない。しかしながら、マジョリティを対象としたマジョリティ言語の教育でもないため、それほど大きな問題ではないと受け取られるかもしれない。しかしながら、本章で指摘する英語教育の抱える問題が深刻であるならば、教育全般における深刻さは推して測るべきものがある。そのことを踏まえた上で、自らのことばの教育に置き換えながら本章を読み進めて欲しい。

冒頭での問いに対する結論を先取りするならば、英語教育において「教える技術」を無批判に信仰する姿勢は、学習者を機械化し、授業を演劇化させる危うさを内包している。英語教育における教師と学習者との間には、三人称的な関係性が潜伏している。英語教師と学習者という人間と人間の営為は、個々の学習者の持つ多様性（学習スタイルや性格、身体的特徴など）が考慮されることなく、「よい授業」をつくるという大義のもと一般化され、消費されてきた。その結果、学習者は各授業における目標となる言語表現を習得する機械のように扱われ、授業は演劇であるかのようにセリフが筋書き通りに進んでいくことになりかねない。

本章で言うところの「向き合っている」とは、英語教師が日々、学習者と直接に面と向かって授業を行っているという、目に見える状態・状況のことではない。英語教師は、「親密な自己投入」をもって二人称的な関係から、学習者の「学び」を支援しているのだろうか、という問いである。その背後には、学習者を客観的・第三者的立場から「教え込む」対象と捉え、その成長を観察する対象としてのみ授業に携わっているのではないか、という疑問がある。つまり、英語教師は学習者とどのように「かかわっているのか」／「かかわっていないのか」。これが、本章の問いである。

個々の英語教師が実際にどのように学習者とかかわっているのかを考察することは現実的ではない上に、一般化できるものでもない。というのも、それぞれの学習者は一様ではないゆえに、英語教師のかかわり方は、場面や状況、学習者などに応じて、常に変化する性質であると考えるからである（その逆に、一口に「英語教師」と言っても、それぞれ様々な個性を持っている)。したがって、本章の主たる考察の対象は、個々の英語教師ではなく、英語教師と学習者との間に横たわっている関係性にある。「教える技術」に「かかわらない」姿勢が底流しているならば、真摯に学習者と「向き合っている」教師であっても、無意識のうちに学習者と「かかわらない」言動を生み出しかねない。

グローバル化や多文化共生という文脈の中で、英語教育にはますます実用性が求められている。英語の「学び方」に関する本は巷に氾濫し、英語教師を読者層と想定した「教え方」に関する書物も数多く出版されている。それらは技術的な側面に終始することが多く、個々の「教える技術」そのものが持つ意味や、技術にこだわることで学習者に与え得る影響について扱われることはない。

もちろん、学習者の「コミュニケーション能力」を高めるために、教える技術を工夫し、日々の教育実践に携わっている姿勢には、頭が下がる。また、これらに関する研究により、英語教育の現場が活性化されることもあるだろう。

だからと言って、「教える技術」の消費のあり方に問題がないというわけではない。それらは、本来求めている効果とは異なる影響を、学習者に与えかねない側面があるからである。第一に、「教える技術」は、授業という人間と人間の営みを「教える者」と「教えられる者」という非対称的な関係を前提にすることが多く、「よい授業」の成立が目的化されがちである。そこでは、学習者は「よい授業」というある種の演劇を成立させるための「演技者」として、英語教師の期待する言動をとることが暗黙の了解となる。第二に、英語教育の目標を、英語の習得という側面に力点を置き過ぎることにより、学習者は言語表現をインストールする機械のように扱われてしまう。他教科と比べ英語科の場合、学習の「対象」は、学習の「手段」であるという側面もある。したがって、言語表現の習熟に授業の力点が置かれやすい。結果として、英語教師と学習者との対話は失われ、双方の間には、観察する者／観察される者という三人称的な関係が維持される。

2　教える技術と思い込み

それぞれの教師にとっての「教える技術」は経験を重ねることにより構築されるかもしれない。しかしながら、それがそのまま万人にとって有効な「教える技術」であるという保証はどこにもない。学習者の興味・関心や学習スタイル、英語力や英語学習の経験などは、常に変動的なものであるからだ。もちろん、ある程度の一般化は見いだせるかもしれないが、それをそのまま受け入れることは、目の前の学習者から目をそらし、「よい授業」の成立自体が目的化されてしまう。

「文化的学習としてのまね」

「優れた授業」を観察し、自らの教育実践に取り入れることは決して悪いことではない。あらゆる学習と同様に、「まねること」は基本であるからだ。ただし、ここで言う「まね」は、「文化的学習としてのまね」でなければならない。佐伯（一九九五）によれば、「『学ぶ』ということばは、もともとは『まねて、すること』だといわれている」（同八三ページ）そうである。佐伯はトマセロら（Tomasello et al. 1993）の提唱した「文化的学習（cultural learning）」論をひきつつ、「文化的学習としてのまね」の特徴を次のように述べている。

文化的学習としてのまねというのは、他者の行為の外側（見かけ）を自分自身の行為として再現するのではなく、他者の「内側」に入り込んで、いわば、その人の身に「なって」、その人の目的や動機を自分の中に取り込み、その上でその人の置かれている状況に対して「その人として」自然な、当然な、妥当な行為をするという、結果として「まねた」ことになっているのである。（佐伯 一九九五、九〇ページ）

文化的学習としてのまねに対し、「たんに『見よう見まねで』類似の行動をしたり、注意を喚起されて結果的に同じことができるようになる」（同八七ページ）ことは、「社会的学習」としてのまね、である。単純に授業のまねをするのではなく、自分なりに消化して創造へとつなげる文化的学習としてのまねであれば、他人の授業を見ることによって得られるものは少なくない。自らの目の前にいる学習者たちの置かれている状況や環境を考慮することなしに、教え方の技術だけを「まね」することが問題なのである。

「よい授業」を見ることにより、自らの教育実践に行き詰っている英語教師であれば、「教える技術」が存在し、それをそのまままねることで、改善されるという思いに駆られやすい。ところが、実際にはなかなか思うようにはいかない。教師の個性も学習者の個性も違うため、「見よう見まねで」やったところで、「よい授業」になるとは限らないのだ。さらに、次に述べるように、いわゆる研究授業のように公開されている授業は、その当日に向けて、英語教師だけではなく学習者も「練習」を積んでおり、いわば「演劇」として完成された授業であることが少なくない。

「演劇」としての「よい授業」

以前、中学校の英語教育の現場において、次のような出来事があった。教科書の本文は、ネパールの少年が、近隣に学校がなく、また貧困のために学校に行くことができないという内容であった。授業の後半では、「ネパールの少年たちに、何ができるだろうか」を英語で書く、というタスクがあった。英語教師は、「あなたの思った通りに書いていい」と声をかける。少し間があいた後、学習者たちはいっせいに英文を書き始めた。

学習者たちがタスクに取り組む間、筆者は机間巡視をしていた。手が止まり、なかなか書けない学習者もいたが、多くの学習者がすらすらと英文を書いていた。ところが、学習者たちの書いていた英文は、ほとんど同じであった。黒板には、大きく「今日のポイント」として「「It is～for 人 to 動詞の原型」を使って自分の意見を伝えよう」と、黄色で強調されて書かれていた（学習者の使っていたプリントにも「今日のポイント」を書き込むスペースが設けられていた）。つまり、言語表現においても内容に関しても、あらかじめ学習者に書かせたい英文が想定されていた、ということである。ちなみに、この授業のテーマは「英文を読み、自分の意見・感想を英語で伝えよう」というものであった。

念のために断っておくが、授業全体としては、おそらく「よい授業」と類されるものであった。公開授業の後に設けられた、英語教師どうしの意見交換の場において、「生徒の目がキラキラしていた」や「生徒が生き生きと授業に参加していた」といった意見が目立った。確かに、その題材で扱うべき言語材料は、学習者にとって分かりやすく取り上げられていただけではなく、彼らは言語活動に積極的に参加していた。しかし、この「よい授業」を見ていた時の、筆者の違和感はいったいどこから来たのだろう。おそらくそれは、英語教師と学習者との三人称的な関係性に対する違和感にあるのだろう。あるいは、公開授業を見たあとの「自由な意見交換」において、予定調和の発言が多く見られたことにあるのかもしれない。もしそうであれば、教師と学習者による「授業」だけではなく、自由討論の場までを含めて、まるで一つの「演劇」であるかのように、公開授業が行われているのである。

この授業の英語教師にとって、学習者は「英語を身につけさせるべき対象」であり、その「成長」を見守るべき「観察の対象」である。もちろん、それ自体は間違ってはいない。教育現場であるかぎり、学習者が学習事項を身につけられるようにする工夫や、学習者の定着度を評価することは当然のことである。ただ、それだけでよいだろうか。「自分の意見・感想を英語で伝えよう」ということが目標であるならば、学習者たちは文字通り、自分の意見や感想を自由に書いてよいはずである。ところが上記の授業における「自分の意見・感想を英語で伝えよう」という言語活動では、「今日のポイント」である言語表現を機械的にあてはめることが前提となっている。

自分の意見や感想を、学習者たちがいきなり英語で書くことは難しいことは理解できる。しかしながら、意見や感想の中身については自由であってよいはずである。例えば、学校生活に悩んでいる学習者であれば、「学校に行かなくてよいのだから、うらやましい」と思うかもしれない。これをそのまま英語にしようとも、「今日のポイント」である「It is～for 人 to 動詞の原型」を使わないかもしれない。仮に今日のポイントである言語表現を使わせるのであれば、少し日本語の発想を変える必要がある。このようなプロセスは、学習者にとっては容易ではなく、したがって、教師との対話が自然に生まれる（「どうやって英語にするの？」「どういう日本語のほうが英語にしやすい？」など）。学習者の立場になって（親密な自己投入）、「英文を読み、自分の意見・感想を英語で伝えよう」という力や態度を伸ばしたいのであれば、教師が学習者の用いる言語表現やその内容までコントロールすることは矛盾するはずである。

このような感想を抱いた公開授業は、一度や二度ではない。口頭でのコミュニケーション活動を中心とした公開授業においても、同様である。「英語の授業を見た」というよりは、「英語の授業の演劇を見た」という印象を持って、帰路につくことが少なくない。

「公開授業＝演劇」の共犯者――「演劇の観衆」としての公開授業の参観者

学校教育において、学習者たちが「空気を読んで」英語の授業を演劇的な空間へと仕立て上げることを避けることは困難である。学習者たちは程度の差はあっても、教師からの「評価」を気にするからである。公開授業ではそのような演劇的な要素がより誇張されて浮かび上がりやすい。

公開授業を演劇でたとえるならば、筆者も含めた公開授業の参観者たちは演劇の聴衆である。演劇の監修者が聴衆を無視することはあまりないだろう。程度の差はあれ、聴衆の目を意識し、演劇を完成させる。これと同じく、公開授業を行う英語教師は参観者たちの期待する授業を全うしようとする。演劇の出演者が監修者の意図をくみ取り、忠実に演じるのと同じく、学習者たちは公開授業の成功に向けて英語教師の期待に応じることになる。このように考えると、英語教育の公開授業が演劇的であるのは、何も英語教師にだけその責があるのではない。見学者として参加している他の英語教師や研究者である筆者も共犯者である。

公開授業の場を演劇的な空間にさせてしまう共犯者は、他にもある。例えば、文科省の検定済み教科書や、その指導マニュアルである。教科書にせよマニュアルにせよ、それらがあるおかげで、主体的に授業を展開することができない教師は、習得させるべきとされる言語材料（文法・語彙・音韻）を確実に教授することが可能となる。同時に、言語表現の配列や教科書を使用する上でのマニュアルは、学習者の習得すべき言語材料の項目を順序通りに教授することを求めることになる。学習者たちは自己の思考や内省を、自らの着想から出発して英語による表現を学ぶのではなく、効率的・効果的に習得するという大義のもと、あらかじめ定められた言語材料の配列によって習得することを余儀なくされる。

しかも、それらの定着は評価の対象として測定される。そのため、英語教科書の言語材料の配列に学習者たちは疑問を持ちにくくなってしまう。英語教科書の言語材料の配列に影響を与えるのは、主として言語習得研究・応用言語学の知見である。その意味において、英語教科書も応用言語学も、英語の効率的な習得に寄与すると同時に、それに厳密に従うことは、英語の授業の演劇化に手を貸すことにもなる。演劇としての公開授業の参観者に加え、英語の教科書や応用言語学もまた、共犯者なのである。

英語の授業の演劇性には、コミュニケーション全般において、言語を道具性の次元でのみ捉える言語観も共犯的に機能する。細川（二〇一二）や久保田（二〇一五）をはじめ、「言語道具論」は様々な角度から批判されてきた。言語材料は言語の構造的側面であり、言語の知識である。学習者たちは、これらの知識を反復練習することにより身につけることが期待される。このような発想は、後述する「銀行型教育」と親和的である。実際のコミュニケーションとは違い、あらかじめコミュニケーションで用いる言語材料が用意され、それらの定着度を測定するという授業のあり方は、学習者に知識を蓄積していくという発想に基づいているからこそである。

外国語教育の目標は、特にそれがコミュニカティブな言語である場合、言語運用能力の習得である。多くの言語教育学者は習得させる言語を target language（対象言語、目標言語）と呼ぶのはこのためである。習得される言語が target であれば、学習者の言語習得レベル（言語を操る能力）を客観的に知りたいと考える。そこで、学習者の言語運用機能をスキルの面から客観的に測定する必要が生じ、その結果、あらかじめ定められたさまざまな目的に応じた言語運用ができるかどうかという学習者の機能性に結びついた教育論になった。（板場 二〇〇一、一九二ページ）

ことばとは本来、内省も含めた他者との対話のためにあると考える。ところが、英語教育においては、言語表現そのものの習得が目指されがちである。ことばを、「目的を達成するための手段」として捉えることはあるが、その場合であっても、ことばの対話性が軽視されていることには変わりはない。

3　教える技術と学習者の機械化

言語学習における学習者の動機づけ研究の第一人者であるドルニェイは、「今のところ外国語学習の「完璧」な方法についてだれも知らないということを強調することは、大変重要である」(二〇〇五、八〇ページ)と注意を喚起している。つまり、万人にとって効果のある「教える技術」は、存在しなかったし、おそらく今後も存在しない。

授業と学習者の機械化

「授業」という言葉は、文字通りには知識が一方的に伝えられるという性質である。それは里見(二〇〇五)が指摘するような「情報蓄積型の学習」(同四一ページ)であり、「なによりも、人間を世界にたいして、そして教師の権威にたいして受動的にする」(同四二ページ)危うさがある。これは、フレイレが言うところの「銀行型教育」に対応する。彼によれば、「銀行型教育方法のヒューマニズムの裏には、人間をロボットに変えようとする意図が隠されている」(フレイレ　一九七九、七一ページ)。

授業が情報蓄積型／銀行型教育に陥ってしまえば、学習者は機械化され、授業を構成する一要素と位置づけられてしまう。そうすることにより、「よい授業」のための手順・道筋が考案されうるようになる。しかしそこにはもはや、主体的な人間としての学びはない。

機械化された学習者たちは、授業において習得すべき言語表現を駆使して、英語教師の期待する発言を生み出す。彼らの多くは、英語を日常的に使っているわけではないため、自らの思考を英語で伝える際に、教示された型に合わせて表現することになる。実際のコミュニケーションでは、場面や状況などによって変化しうるさまざまな言語表現の可能性がある。ところが、「教える技術」に忠実な授業では、「習得すべき言語表現」が学習者たちによって画一的に消費される。演劇における台詞であるかのように、学習者たちの「自己表現」は創り出されることになる。

発音や音読の指導においても同様のことがいえる。リスニング教材のような理想的・規範的な音声がモデルとして提示され、学習者たちはそれを模倣し、反復する。その際、「文脈に応じた」イントネーションやアクセントの違いは考慮されることはあまりなく、「規範的な」音声の習得が暗黙の了解となっているようである。かくして、彼らが英語の表現を用いて示す自己の思考や内省は、どこまでが「自己表現」なのか疑わしく、このこともまた英語の授業における演劇性を高めることに寄与しうる。

「教える技術」が生み出す三人称的関係

このように考えると、「教える技術」は本当に存在するのか疑わしく思えてしまう。もちろん、個々の

「技術」はあるだろう。例えば、スライド資料におけるアニメーションの挿入の仕方や、様々な言語活動に応用できるパターンのようなものである。しかしこれらは、あくまでも個々の技術に過ぎない。授業全体の手順にまで「教える技術」をあてはめて考えてしまえば、それをそのまままねたところで、自分の授業が活性化されるというわけではない。ましてや、教師の期待通りに学習者が反応し、行動するのであれば「もはや人間の学びではなく、性能のよいロボットの動きに過ぎない。そこでの「教育」とは、子どもの行動のコントロールであり、パターン形成に過ぎない」（佐伯 一九九五、一九—二〇ページ）と言える。

教える技術が存在するためには、教師はあらかじめ学習者の英語運用能力だけではなく、興味・関心や心理状態、さらにはどのように反応させるべきかを把握している必要がある。板書の計画に加え、教師からの発問やそれに対する学習者の応答、英文を読んだり聞いたりした際の学習者の感想まで、教師がコントロールできるという前提に立たなければ、授業を合理的な手順に従って進めることはできない。そのようなことは非現実的である。例えば、教師側の問いかけに、学習者が教師の意図通りに応じる保証はどこにもないはずである。英語の教科書を読解した後の、学習者の感想も同様に、様々な意見があって然るべきである。教師にとって「想定外」の発言が学習者から出た場合、それを活用し、学習者たちの学びにつなげることはほとんどなく、「より空気の読める」学習者の挙手を待つか、指名することによって、思い描いた授業の方向に進めていく場面に遭遇することもある。

もちろん、教える技術が存在するかに見える場合がある。つまり、教師の働きかけに学習者が理想通りに反応し、自由に意見を述べさせたはずの言語活動において、模範解答のような応答が学習者から生じる場合である。こうなると、授業の技術の存在を信じたくなる気持ちはよくわかる。しかしながら、学習者の理想的な反応は、学習者の「学び」から生じたのではなく、あらかじめ塾で学んでいたり、すでに同じ授業を受けた別のクラスの友人から情報を得ていたりして、それをもとに学習者が「空気を読んで」、教師の求める反応を示していることが多い。こうなると、授業は、もはや学習者の学びの場ではない。学習者が「空気を読んで」教師の期待に応えることによりつくりあげた「授業」という名の演劇である。そこでは、「よい授業の成立」自体が目的化されてしまい、「よい授業」という筋書きに沿って学習者たちは演じることになる。英語教師にとって、学習者は「学ぶ」主体ではなく、機械化されてしまう。

実は、学習者が「空気を読んで」、教師の期待するように反応することは、悪いことばかりではない。確かに、自由な意見を紡ぎ出す場面においては、空気を読んだ模範解答は、もはや「自由な意見」ではない点で問題視せざるを得ない。ただし、意見交換や発言そのものが活性化しないと成り立たないような場面において、「空気を読んだ」行動は、彼らの英語による自己表現の機会を奪ってはいない。この場合、学習者たちが、「教師に協力したい」と思えるかどうかという関係性を築けているかどうかが問題である。ここに、教師が学習者と「かかわる《エンゲージメント》」ことができるか、というポイントがある。

英語教育の授業実践に関する報告書は、世の中にたくさん存在する。もちろん、どれだけ授業の経験を積んでも、授業の実践記録をもとに、ヒントやアイデアを得ることはあるだろう。しかしながら、料理のレシピのように、その手順に従えば「よい授業」ができるだろうか。いや、料理のレシピ本でさえ、まったくの手順通りに料理したにもかかわらず、有名レストランの味を再現できるとは限らない。料理の手順だけではなく、食材の質や調理道具、料理人の腕、さらにはそれを「食べた」場面や状況などが、味覚に影響するからだ。それと同様に、授業の実践記録や「よい授業」をいくら観察しても、それらと同じように実践することは、不可能ではないにせよ、容易ではない。中村（一九九三）は、「こざかしい技術で実践記録をいくら積み重ねても無意味であると心得るべきである」（同三一ページ）と述べている。肝心なことは、演劇としての授業が成立することではなく、学習者の学びがあるか否か、のはずである。

4　ことばの教育における対話性の回復

本章では、英語教育者が無自覚なイデオロギーのうち、「教える技術」への無批判な信仰が生み出す「かかわらない」関係性を指摘してきた。教える技術においては、英語教師は「よい授業」の成立そのものが目的化されてしまい、学習者は「よい授業」を遂行するための配役を「空気を読む」ことによって、演劇としてのよい授業が成り立っているのであった。

「教える技術」において見られるのは、教師と学習者の関係性が、二人称的なものではなく、あくまでも第三者的なものである、という点である。そこには、佐伯（一九九五）がいう「学ぶということの最も根源的な特徴」である「人はつねに、他者とともに学ぶ存在である」（同四四―四五ページ）という姿勢が欠けている。

言うまでもなく、個々の英語教師は、授業において学習者と「かかわっている」。しかしながら、「教える技術」への無批判な礼賛があるならば、学習者と「かかわっていない」可能性がある。学習者を機械化せず、彼らの学びを可能にするためには、「教える技術」に底流する「かかわらない」姿勢を意識化し、常に親密な自己投入を心がけるほかかない。端的にいえば、ことばの教育における「対話性」の回復である。

かつて、英語教育学者の若林（一九八三）は、アルファベットを覚えられない生徒に対して、アルファベットの成り立ちを説明することを一つの指導例として示した上で、次のように述べている。

もちろん、この説明方法がすべての生徒に通用するとは思わない。歴史的に正しいからといって、万人を納得させることはできない。そして、教育というものは、万人を納得させるために、何百何千何万という説明方法を用意する義務がある、と私は思っている。そして、いまのところ、英語という言語現象（というか、言語事実というか）に対して、万人を納得させられる方法は、われわれにはない。しかし、「ない」からといって、それで免責というわけにはいかない。

公教育にたずさわるわれわれの苦しみは、まさに、ここにある。何百何千何万という説明方法を用意するためには、日々、生徒たちの苦しみ悩みの声に耳を傾け続ける以外に方法がないと思うのである。そして、われわれ教師は生徒たちのあやまりを、必死になってまねする以外に方法がない。

（若林　一九八三、三九ページ）

この若林の教育論は、「（学習者が）わかること」に力点が置かれているのに対し、次の中村は「面白さ」「楽しさ」が重視されている。

授業は、何はともあれ「楽しくなければならない」と思う。楽しくなくて、ただただ理解力だけを身につけさせる授業は、効率（成長）主義（growth-oriented ideology）の経済政策に似ていて、おそろしく現実主義的な人間を造り出す危険性を持つからである。そうなったらもはや教育ではなくなる。

（中村 一九九三、三二ページ）

さらに中村は、「生徒達のコトバ（質問・解答・意見）はいちいち、ソクラテスが弟子にしたように、きびしい吟味にかけられる。そのような教師と学習者の間のやりとりの中に本当の『面白さ』『楽しさ』があるはずなのである」と続けている（中村 一九九三、三三ページ）。なお、中村にとっての「面白さ」「楽しさ」とは、知的好奇心を喚起するような"interesting"であって、"amusing"ではない（なお、筆者自身は後者を否定するつもりはない）。

若林と中村とでは、上述のように優先順位の違いこそあるが、いずれの教育論でも、「面白さ」と「わかること」が否定されているわけではない。何より、教師と学習者との対話が重視されている点では同じである。対話は基本的に、面と向かった二者間でのやりとりであり、したがって三人称的な関係性ではない。また、若林の「教師は生徒たちのあやまりを、必死になってまねする以外に方法がない」とする姿勢は重要である。ここでいう「まね」は、第二節で述べた「文化的学習としてのまね」であり、親密な自己投入によって成り立つものである。

筆者自身は、森住（一九七八）による「人間教育としての英語教育」や日野（一九九七、二〇〇三など）による「国際英語論の理念に基づいた英語教育」などの影響を受け、自分なりに「まね」をしてきた。そして、学習者の言語文化観にゆさぶりをかけることを重視し、実践してきた。その際、学習者が自らの言語文化観を問い直すことができるように、筆者との対話を通じたり（仲 二〇〇八、二〇一二）、コミュニケーション活動を通して体験的に気づかせたりしてきた（二〇一一）。いうまでもなく、これらの実践がマニュアル化することを避けるために、学習者に応じて常に変化させ続けている。

次に、授業の持つ演劇性を生かす方向性についても言及しておこう。本章で述べてきたような、公開授業をはじめとした「授業の演劇性」を取り除くには、数多くの困難がある（筆者自身の教育実践も例外ではない）。したがって、公開授業そのものを廃止することによって演劇を終焉させることが、授業から演劇性を排除する一つの方法になり得る。しかしながら、これは現実的ではないのは自明であろう。そこで、授業の持つ演劇性をむしろ活用する方向性についても言及しておこう。

「演劇」を意味する英単語は〝performance〟であるが、この単語は「成果」という意味も持つ。英語科教育の現場において、しばしば〝performance test〟が実施されたり、〝performance-based〟のアプローチが用いられたりしている。「演劇的」な空間は統制的・機械的であると同時に、創造的な異空間としても捉えることができるのである。この演劇の持つ二面性を、本章で指摘してきたような演劇性の持つ学習者の機械化に留意しつつ活用するのである。普段、自分が思っていることを、英語というフィルターを通して演じてみることにより、自己と英語を介した自己の差異への省察である。これにより、学習者は自我への気づきと同時に、深い学びを生み出すことが可能となりうる。

参考文献

板場良久（二〇〇一）「言語道具論」石井敏・久米昭元・遠山淳（編著）『異文化コミュニケーションの理論――新しいパラダイムを求めて』有斐閣ブックス、一八九―二〇〇ページ
久保田竜子（二〇一五）『グローバル化社会と言語教育――クリティカルな視点から』くろしお出版
佐伯胖（一九九五）『「学ぶ」ということの意味』岩波書店
里見実（二〇〇五）『学校でこそできることとは、なんだろうか』太郎次郎社エディタス
ドルニェイ・ゾルタン（二〇〇五）『動機づけを高める英語指導ストラテジー　三五』（米山朝二・関昭典〈訳〉）大修館書店
仲潔（二〇〇八）「言語観教育序論――ことばのユニバーサルデザインへの架け橋」『社会言語学』（「社会言語学」刊行会）第八号、一―二二ページ
仲潔（二〇一〇）「学習者を〈排除〉する教授法――「客観的な」教授法への批判的まなざし」『社会言語学』（「社会言語学」刊行会）第一〇号、八七―一〇八ページ
仲潔（二〇一一）「言語観を豊かにするコミュニケーション活動」『岐阜大学教育学部研究報告（人文科学）』（岐阜大学教育学部）第六〇巻第一号、一〇三―一二四ページ
仲潔（二〇一二）「〈コミュニケーション能力の育成〉の前提を問う――強いられる〈積極性／自発性〉」『社会言語

学』（「社会言語学」刊行会）第一二号、一―一九ページ
仲潔（二〇一五）「続〈コミュニケーション能力の育成〉の前提を問う――『キラキラ』できない学習者と英語教師たち」『社会言語学』（「社会言語学」刊行会）第一五号、七一―八九ページ
中村敬（一九九三）『外国語教育とイデオロギー――反＝英語教育論』近代文藝社
日野信行（一九九七）「国際英語の概念に基づく英語教育の研究――その体系化への序論」『言語と文化の対話』英宝社、八九―一〇一ページ
日野信行（二〇〇三）「『国際英語』研究の体系化に向けて――日本の英語教育の視点から」『アジア英語研究』第五号（日本「アジア英語」学会）五―四三ページ
フレイレ・パウロ（一九七九）『被抑圧者の教育学』（小沢有作・楠原彰・柿沼秀雄・伊藤周訳）亜紀書房、七三―八八ページ
細川英雄（二〇一二）『「ことばの市民」になる――語文化教育学の思想と実践』ココ出版
森住衛（一九七八）「英語教育に課せられている人間教育とは」『英語教育』大修館書店、一九七八年四月号、二二―二四ページ
リチャーズ・ジャック／シオドア・ロジャーズ（二〇〇七）『世界の言語　教授・指導法　第二版』（アントニー・アルジェイミー／高見澤孟〈監訳〉）東京書籍
若林俊輔（一九八三）『これからの英語教師――英語授業学的アプローチによる三〇章』大修館書店
Richards, Jack C. and Theodore, S. Rodgers (1986) *Approaches and Methods in Language Teaching*. Cambridge: Cambridge University Press.
Tomasello, M., Kruger, A. C. and Ratner, H. H. (1993) Cultural Learning, *Behavioral and Brain Science*, 16, 495-552.

6章　社会・コミュニティ参加をめざすことばの教育

佐藤慎司・熊谷由理

1　外国語教育と「かかわることば」

外国語教育の目標としては、学習言語を母語話者のように話せるようになるといったものから、コミュニケーション能力、複言語・複文化能力を育成することなど、様々なものが存在するが、そのような目的論の中で言葉[1]という概念はいったいどのように捉えられているのであろうか。本章では、「かかわることば」を有機的で常に変化することば、ある程度の規範的な意味は内包するが最終的にどんな意味を持つかは相手とのやりとり次第で変わりうることばと定義する。一方、「かかわらない言葉」を人との関係構築を考慮しない、無機的、かつ「道具」的で変化せず、それ自体（「語」）に確固とした意味がすべて含まれている言葉と定義する。本章では、まず、外国語習得理論・教授法において言葉という概念の扱われ方がどのように変化しているかを明らかにする。その上で、「かかわらない言葉」の知識としての蓄積や、無機的な「道具」としての言語教育ではなく、「かかわることば」を重視する視点から、これからのことばに関する教育のビジョンの一つとして社会・コミュニティ参加をめざすことばの教育（佐藤・熊谷 二〇一一）を紹介する。

筆者らは、長年にわたってアメリカの大学で外国語としての日本語教育に携わり様々なバックグラウンドをもつ学習者や教師、研究者と関わる中、「（かかわらない）言葉」を伝授・訓練することをめざす「言語教師」という役割からだけではなく、次世代の育成に主眼を置いた「教育者」としての立ち位置から、外国語教育の果たしうる、また、果たすべき目的や役割を模索し続けてきた。その中で同様の問題意識を持つ多様な現場に携わる人々と協働研究・実践を行う中で到達したのが「社会・コミュニティ参加をめざすことばの教育」という理念である。社会・コミュニティ参加をめざすことばの教育とは、「学習者が自分の属している（属したい）コミュニティのルール（例えば、言語や文化の知識や規範など）を学びつつ、それらを単に通例として受け入れるのではなく、批判的に考察し交渉をする中で、いいと思うものは受け継ぎ、そうでないものは変えて行くための努力をし、コミュニティのメンバーとしての責任を担うことをめざす」ことばの教育である（佐藤・熊谷 二〇一一）。本章の最後では、この理念を実際の日本語教育の教室活動に取り込んだ実践例を二つ紹介し、社会・コミュニティ参加をめざすことばの教育の可能性を探る。

2　外国語教育理論・外国語教授法における「言葉・ことば」の扱われ方

この節では、外国語教授法、外国語教育理論において、外国語の学習はどのように捉えられ、何が学習目標として掲げられてきたのかを概観する。その中で言葉・ことばとその役割がどのように考えられてきたのかを、「かかわることば」「かかわらない言葉」という観点から考えてみたい。

文法訳読法

文法訳読法は（Omaggio-Hadley 1993; 石黒 二〇一三）、文法と読解力の習得を学習の目標とし、知的訓練（記憶力や推測力の養成）としての外国語教育をめざしたものである（伊藤 一九八四／石黒 二〇一三）。教材はその言語を「母語」とする者がふつうに読むテキストで、学習者はそれを身につけた文法知識と辞書を頼りに読んでいくという方法をとる。そして、「読む」という作業は、通常、外国語で書かれたテキストを学習者の第一言語に翻訳するという過程を経る。

では、文法訳読法での「言葉」に対する見方を「かかわることば・かかわらない言葉」という観点から捉え直すと、どんなことが言えるであろうか。ここでは、「あることばは、別のことばに置き換えることができる」という訳読法の根底にある前提を考えてみたい。まず、学習初期段階では、学習者はある言語で書かれたテキストを学習「標的」として位置づけ、そこから意味のわからない「語」（つまり「かかわらない言葉」）を抽出し、その語を辞書の中に探すという作業を行う。辞書に載せられている言葉は、文脈から切り離され「語」として固定化・規範化された「かかわらない言葉」であることは言うまでもない。

つまり、比較的機械的な逐語的翻訳作業というのは、一つの言語で記された「かかわらない言葉」の集合体であるテキストを別の言語に移行する作業であるとも言えるかもしれない。

しかし、語学レベルが上がるにつれて、翻訳という作業において「かかわらない言葉」に「かかわることば」としての息が吹き込まれ始める（これは、もちろん単にレベルだけではなく、テキスト自体のもつ社会的目的や、学習者／翻訳者のテキストに対する思いなども関係する）。学習者／翻訳者は、「かかわらない言葉」が収集された辞書からだんだんと独り立ちし、ことばの微妙なニュアンスについて思案し、テキストに埋め込まれた社会文化的な要素をいかに別の言語で表現するかを熟考するようになる。そのような過程を経て翻訳されたテキストは、もはや原作者のことばというよりは、翻訳者自身の思いのこもった「かかわることば」で書かれたテキストに生まれ変わっていると言えるのではないだろうか。しかし、ここでの「かかわり」は、ことばに対する個人的なかかわりである。

オーディオ・リンガル・メソッド

一九世紀半ばのアメリカでは、「話せる外国語教育」の必要が叫ばれるようになり、文法訳読法への批判が高まった。また、第二次世界大戦という歴史的状況を背景に、米国陸軍のエリート将兵を対象に交戦国の情報収集や通訳養成を目的とした外国語訓練プログラムとしてアーミー・メソッド（ＡＳＴＰ、Army Specialized Training Program の略）が開発された。戦後一九五〇年代の半ばになると、アーミー・メソッドはオーディオ・リンガル・メソッド（日本ではオーラル・アプローチ）と名を変え、行動主義心理学と構造言語学に基づいた新しい外国語教授法として一世を風靡することになる。

オーディオ・リンガル・メソッドでは、音声中心の指導を行い、文や語彙を何度も聞き、口に出して言うことで言語習慣の形成、最終的には自動化をめざした。そして、意味よりも文の構造を重視し、機械的なパターンドリルや答えのわかっている質問（display questions）の問答を繰り返し練習するという方法がとられた（Diller 1971／鎌田・川口 一九九六）。言語学習の目標は、話し言葉を母語話者に近い発音で正確、かつ、流暢に話せるようにすることに置かれた。学習者の母語は新しい習慣（外国語）を学ぶ際の妨げであり、母語の転移（L1 transfer）（特に負の転移）を起こす「悪者」とみなされた（南 二〇一四）。しかし、この「話せる外国語教育」をめざして開発された教授法も、形式面の練習に終始しがちで伝達すべき意味に注意が払われないという弊害のもと、文を正しく構成できても単純な意思伝達ができない学習者がいるといった批判を受けることになる。

オーディオ・リンガル・メソッドでの言語教育は、まさに「かかわらない言語」の習得訓練だと言っても過言ではないだろう。この教授法がめざす発話の自動化とは、「考えずに応答できる」ということである。形式やパターンにのみ注意を払い、ことばをおうむ返しに発するという行為は、コミュニケーションの文脈、話し相手との関係、発話の目的などすべてを無視しているといえる。この状況設定においてはこのパターンを使って対応すればよい、すべきだというような発話訓練は、人と人の関係を排除した機械的で一般化・定型化された会話に対応する術を身につけることは可能にするかもしれない。しかし、そこには、佐伯が言う「かかわることば」の核でもある「共同注視（同じものを共に見る）」の視点、つまり、ことばを使って他者と何かを共有する（例えば、人間関係を築く、社会に働きかける）という、人間がことばを使うことの本来の大切な視点が欠如している。

コミュニカティブ・アプローチ[2]

一九七〇年代、イギリスではキャンドリン（Candlin）やウィドウソン（Widdowson）といった応用言語学者たちによって、外国語学習において単に言語の構造を習得するだけではなく、コミュニケーション能力をつける必要性が訴えられ始める。サヴィニョン（Savignon 2002）は、このアプローチの言語観を「言語とはコミュニケーションである。言語は話し手が意味を創造するための社会的な道具（social tool）であり、言葉の使い手は、口頭、あるいは筆記を通して、ある目的を達成するために誰かと何かについてコミュニケーションをとるものである。」（p. 6）とまとめている。そして、その目標は、言語の形式だけではなく、言語の意味や機能に注目し、伝達過程を重視した上で実際のコミュニケーションの場面で言語が使用できるようにすることである（Nunan 1991）。教室活動としては、それまでの教師中心、言語中心の活動だけではなく、ロール・プレイ、シミュレーション、ドラマ、ゲーム、ペア／小グループ活動、タスク練習といった学習者中心の活動が行われる。また、「コミュニケーションの目的は相互に欠けている情報を埋め合うことにある」（高見澤 一九八九）という前提に基づき、「インフォメーション・ギャップ」という活動が重視されている（Johnson and Morrow 1981）。

コミュニカティブ・アプローチでの「ことば」の扱いは、その名の通りコミュニケーションを目的としているため、ある種の「かかわることば」を身につけることをめざしているといっていいだろう。「ある種の」という但し書きをつけた理由は、コミュニカティブ・アプローチが提唱するコミュニケーションが、「情報（時には意見）交換」という言葉の機能に集中しているからである。ましてや、教師が準備した（つまり強制した）活動はあくまでも擬似体験の域を出ず（例えば、南 二〇一四）、教室というのは、あくまでも後々の「本番」のためのリハーサルの場であるという前提も強く支持されている（批判は例えば、細川 二〇一二を参照）。真のコミュニケーションを重視する外国語教室であるならば、学習者が実際に学習言語を使って、自分の目的達成のために、コミュニケーションの過程で起こる様々な問題に対応・解決しながら、そして、人間関係を構築しながら、自分の「声」を獲得していくことが「かかわることば」の教育であるといえるだろう。

ここまでは外国語教育の教授法を見てきたが、実際には、あらゆる文脈で、また、あらゆる学習者にとって、効果的な教授法というものは存在しない。結局は、教師がその場その場で文脈と学習者に合わせて、適宜いろいろな教授法を使い分けていくことが必要なのである。そのような認識のもと、次第に「教授法」という概念自体にあまり注目が当てられなくなってきた。以下の節では、一九九〇年代以降の外国語教育の動きとして複言語・複文化主義、第三の文化、トランスリンガル・アプローチの三つを見ていきたい。

複言語・複文化主義と第三の文化

欧州共通参照枠（以下「参照枠」）は、ヨーロッパ統合の運動から生まれ、欧州評議会によって人的移動を推進し、相互理解を進めるために構想されたものである（細川・西山 二〇一〇）。その「参照枠」では、明確に複言語・複文化主義が謳われており、その能力は以下のように定義されている。

複言語・複文化能力とは、複数の言語を用いる力――ただし力のレベルはさまざま――と、複数の文化の経験とをもつことで、社会的なエージェントとして、コミュニケーションおよび相互文化的インターアクションに参与するための、一個人の能力を指す。そしてこの能力の存在のあり方は、複数の能力が縦列または並列しているのではなく、複雑でより複合的に存在している（Council of Europe 2001, p. 168）。

ここでは、個人の中に複数の文化・言語があるという考え方（個人レベルでの複言語の併存状態）、「複数の言語を用いる力」「複数の文化の経験をもつ」という表現から、複数の言語は使用するもの、文化は経験としてもつものであると捉えられていることがわかる。

一方、クラムシュ（Kramsch 2009）は、これまでの第一言語・文化と第二言語・文化という二項対立的概念を乗り越えるために「第三の文化」と呼ばれる概念を提唱している。この概念においては、外国語学習者に学習言語の文化（第二の文化）習得を強要せずに、学習者が自分自身で選び取ることのできる「位置」として第三の文化という概念を与えたという点で目新しい。

しかし、この二つのアプローチに共通する問題点は、「外国語」学習者には、第三の文化を積極的に作っていく権利は与えられていても、学習文化である第二の文化を変えていくために積極的にかかわっていくことは推奨されていないという点である。つまり、第一言語、第二言語、第三言語（この場合の第三言語とは第三の文化のように第一言語と第二言語の中間に位置するような言語である）のどれが学習者にとって「かかわることば」であり、どれが「かかわらない言葉」なのかを学習者が自ら決めるというよりも、暗黙的に第一言語、第三言語は学習者にとって変えられる「かかわることば」、第二言語は従うべき「かかわらない言葉」あるいは、かかわれない言葉であることを示しているようにも思われる。しかし、この問題を語る前に、そもそも第一、第二、第三の言語・文化の境界線はどこにあるのか、だれにとってどの文化が第一、第二、第三の言語・文化であるのか、また、それを決定することができるのは誰なのか、という政治的な問題もあり、それに関してはほとんど議論がなされていない。

これらの概念における「ことば」はいろいろな意味で問題がある。なぜなら、第一の言語、第二の言語である「言葉」がどう歴史的に生まれてきたのか、さらに、第一、第二の言語を基に生み出された第三の「ことば」が、どのように第一の言語、第二の言語に影響を与えているのかに関しても説明ができないからである。

トランスリンガル・アプローチ

トランスリンガル・アプローチでは、言語を動的なプロセスとして捉えている（Canagarajah 2013）。最近では、グローバリゼーション、そしてインターネットをはじめとするテクノロジーの発達に伴い、様々な言語（ある言語のバリエーションも含む）を用いる人々がコミュニケーションを行うことが、言語教育における新しい課題であるかのような議論がよくなされる。しかし、その状態はむしろ国民国家と言語が結びついていなかった前近代（pre-modern）の言語状態とも似ていると指摘されている。カナガラジャ（Canagarajah 2007）は、前近代の言語状態とコミュニケーションの特徴を捉え、現在の言語教育に以下のような提案をしている。

・ルールや慣習に焦点を当てるのではなく、コミュニケーション・ストラテジー[3]に焦点を当てるようにする。それにより、「正しさ」ではなく、実際の相手とのコミュニケーションでいかにストラテジーを使って、協働的に目標を達成することができるかに集中することができる。

・ある言語を「マスターする」というよりも、学習者の（ことばの）レパートリーを増やしていくようにする。

・様々なコミュニティ、話者とかかわっていく中で多様なバリエーションの中に存在する差異を読み解いていく感性（sensitivity）、つまり、メタ言語意識を育てる。

・ある一つのコミュニティに所属できるようになることを目標にするのではなくいくつかのコミュニ

ティの間を行き来できるようになることを目標にする。そして、必要に応じて新しいコミュニティをつくったり、別のコミュニティへと移っていったりできるようにする。

トランスリンガル・アプローチにおいては、ことばを動的なプロセスと考えていることからも明らかなように、ことばは常に「かかわることば」として捉えられている。[4]

では、「かかわらない言葉」の知識としての蓄積や、無機的な「道具」としての言語教育ではなく、「かかわることば」を重視した言語教育をめざすにはどうしたらよいのであろうか。そのためには、まず「かかわらない言葉」を批判的に捉え、「かかわらない言葉」とどうかかわっていったらよいのか考えながら、さまざまな人、コミュニティとかかわっていくことが大切であると考える。次節では、このようなビジョンを提唱している社会・コミュニティ参加をめざすことばの教育(佐藤・熊谷 二〇一一)を少し詳しく見ていきたい。

3 社会・コミュニティ参加をめざすことばの教育

「社会参加をめざす日本語教育」とは、「学習者が自分の属している(属したい)コミュニティのルール(例えば、言語や文化の知識や規範など)を学びつつ、それらを単に通例として受け入れるのではなく、批判的に考察し交渉をする中で、いいと思うものは受け継ぎ、そうでないものは変えて行くための努力をし、コミュニティのメンバーとしての責任を担うことをめざす」日本語教育である（佐藤・熊谷 二〇一一）。このようなビジョンのもとでは、学習者は言語使用者として必要に応じて、積極的、かつ戦略的に「かかわることば」を用いて、規範としての「かかわらない言葉」と主体的、あるいは、戦略的にかかわる（あるいは、かかわらない）ことが必要となる。

このようなビジョンを取り込むため、佐藤・熊谷はさまざまなプロジェクトやカリキュラムを開発してきた（Iwasaki and Kumagai 2015; Kumagai, Lopez-Sanchez and Wu 2015; Sato 2011; 西俣・熊谷・佐藤・此枝 二〇一六）が、本章では、その例として個別に行われた「日本のマイノリティー」というカリキュラムと「考えよう日本語コミュニティと自分」プロジェクトを紹介し、特に「かかわることば」と密接に関係のある事例を見ていく。

4　実践例

『日本のマイノリティー』カリキュラム概要

このカリキュラムは、二〇一三年春学期に米国東海岸にある私立女子リベラルアーツ・カレッジの日本語四年生後半コース（五〇分授業週三回、一四週間）にて実施されたものである。本コースでは、「日本のマイノリティー」をテーマとし、いわゆる「マイノリティー」と呼ばれる人々が著した（あるいは、その経験についての）作品を読むことを通して、一般的に当然視され比較的安定化されている「日本＝日本語＝日本人」という意味関係にゆさぶりをかけることをめざした（熊谷 二〇一四）。六名の学生が受講した。

コースの開始時において、コースを通じて必要となる関連語彙を導入するとともに、「民族」という概念に関して学生の意識を呼び起こすことを目的に、「あなたはなに民族？」というテキストを用いて、民族とは一体何なのかについての話し合いを行った。その後、「アイヌ民族・アイヌ文学」「被差別部落民とは？」「琉球人・沖縄人：その今と昔」「在日韓国人・朝鮮人とは？」「越境文学者——母語でない言葉での表現者」という五つのサブ・テーマにそって、それぞれが「日本」という国において「マイノリティー」という立場に置かれることで、どのような差別や問題に直面しながら生活しているのか、「民族」「言語」という概念は人間のアイデンティティとどんな関係を持っているのか、さらには、「日本語はだれのものか」といったトピックを深く考えることを目的に授業を行った。コースで使用した教材は、ビデオ「アイヌ民族の誇り」、まんが版『破戒』『カクテル・パーティー』『GO』『星条旗の聞こえない部屋』などで、様々な媒体と多様な視点を取り入れるように試みた。

学生には、それぞれのサブ・テーマ終了時に、自分の思ったことや考えたことについての意見文を書くという課題を与えた。また、学期末試験（Take-home）の一部として、以下のトピックからどちらか選び、八〇〇字程度の作文を学期中に読んだ読み物を引用しながら書くことを課題とした。

1 「日本は単一民族国家である」という考えを信じている日本人を対象読者とし、日本に住むマイノリティーの現状についての例をあげながら、あなたの考えを説明するエッセイを書きなさい。

2　「民族」、「言語」という概念は、人間のアイデンティティとどんな関係があると考えますか。あなたの考えを説明するエッセイを書きなさい。

これらのトピックは、学生らが学期を通して考えたことを振り返り、トピックについて批判的に考え、その考えを「かかわることば」としての日本語で読者に訴えかける（つまり、他者とのかかわりを持つ）ための機会を与えることを目標に決定した。

本コースを実践する過程において、授業記録ログ、授業での話し合いの録音、学生の意見文、コースに関するサーベイ、学期終了後に行った個人インタビュー（三名）をデータとして収集した。本節では、その中から、学生らが日本語を「かかわることば」としてどのように捉えたのかについて、例をあげながら垣間見ることとしたい。

パラグアイからの留学生であるルナ（大学四年生、コンピューター科学専攻）の書いた「民族、言語とアイデンティティの関係」についての意見文（以下抜粋）は、「かかわることば」の目的である自己表現や他者との関係構築についての彼女の考えを明確に表している。

人間の場合に「言葉」も大切だと思う。言葉を使う時に、自分の意見を表して、他の人との関係をつくることができる。……各言語は、人々の特性を表現することができる。昔の時にアイヌ語は禁止され、沖縄の学校で琉球語も禁止された。マイノリティーの人たちは、日本語を話すことを余儀なくされ、従って日本語で表現する。言葉を使って、あなたは他人と自分を対比することができる。自分自身の言葉と他人の言葉はあなたを定義する。例えば『GO』で主人公は「在日」のラベルを受けたけど、その呼び名は重要ではない「俺は俺」と言った。……

ルナは、作文の中で、授業で取り上げた日本に住む様々なマイノリティーの人々の例をあげながら、あるマイノリティーのグループに属する人々が、「日本語」の使用を否応なしに押し付けられ、様々な呼び名のレッテルを貼られて生活する中で自らの「民族」と「言語」を奪取することで、自分自身のアイデンティティを確立することの重要さに着目している。ここで注目したいことは、「かかわることば」は、必ずしもよい人間関係構築のためだけのものではないという点である。自分の言葉を奪われ他者の言葉を使うことを余儀なくされている場合、また、他者の言葉によって自己を定位される場合、「かかわることば」はある種の暴力性も含んでいるという点を、ルナは指摘しているといえる。しかし、「かかわることば」が暴力性を持ちうるということは、逆に言えば、その暴力に抵抗・対抗するための力を持つことを可能にするということでもある。これに対して「かかわらない言葉」は、言葉の中立性や透明性、そして客観性を前提とするため、「ことば・言葉」によって構築される力関係や苦闘というものを黙過してしまうと言えるのではないだろうか。

次に、日本社会で「マイノリティー」的な立場に置かれる人々が、日本語を「かかわることば」として使用し創作活動を行うことについて、また、そのような作品を日本語の授業で読むことに関して、学生はどのような意義を見いだしたのだろうか。

・日本に住むマイノリティーの人々は、自分たちの置かれる不正を訴えるために文学を通して世に訴えているのだということを理解しました。（アンジー——大学四年生、日本語・文学専攻、ヨーロッパ系アメリカ人、アンケートより、原文は英語、和訳は熊谷）

・このようなマイノリティーのグループが日本に存在することを頭に入れておくことは、他の日本語のテキストやその翻訳を読む時に違いをもたらすと思います。それは、そのようなグループの存在についての記述の欠如に気がつくからです。テキストが書かれた時、それらの人々は不当な扱いを受けていたに違いないのに、誰もそのことに触れていないからです。（エレン——大学二年生、日本語・文学専攻、ヨーロッパ系アメリカ人、インタビューより、原文は英語、和訳は熊谷）

本来、日本語以外の母語を持ちながら、様々な歴史的、社会的状況の下「日本語」で言語活動をせざるをえない人々、「国際語」と言われる英語話者でありながら、あえて「日本語」で創作活動をすることを選択している人々、また、日本語を母語とし民族的にも「日本人」でありながら、封建時代の身分制度の下、社会階級の最下位に置かれ、今なお差別を受け続けている「(被差別) 部落民」と称される人々。これらの人々が、自らの経験を語り継ぐことの意義は、抑圧的な力の象徴でもある日本語という言語を使っての「社会への働きかけ」であり、周縁部・底辺部に置かれる者の声を「主流派日本人」に向けて広く代弁していることに他ならないのである。上のコメントからも明らかなように、学生たちは、その社会運動的とも言える意義を自分たちなりに理解していた。

以上のような学習者の学びを引き出すために教師ができることは、教師自身ひとりの人間として学習者と同等の立ち位置にたち、彼女らの声に真剣に耳を傾けそれを受け止めるとともに、自らの考えもひとつの意見として共有すること、つまり「かかわることば」の実践を身を以て体現していくことであろう。

「考えよう日本語コミュニティと自分」プロジェクト

この活動は、二〇一二年度に米国東海岸にある私立大学の日本語四年生のコースで授業外に行われるプロジェクトとして実施された[5]。期間は秋学期（受講者一二名）と春学期（受講者六名）の二学期間（ともに一二週）である。このプロジェクトで学習者は①「自分の将来と日本語の関係」、②「社会・コミュニティへの貢献」、③「自分の日本語」に関する三種類の目標を設定し、その後、その三つの接点はないか考え、身近なコミュニティとかかわりながら目標達成に向けて活動を行った。実際の活動手順は以下の通りである。

1　プロジェクトの手順について説明を受ける
2　具体的な計画と目標を提出する

3　目標を達成できるように各自活動を行う
4　定期的に教師と個人面談を行う（活動内容の報告、今後の予定、問題点など）
5　授業中、クラスメートからアドバイスをもらう
6　中間発表を行う（活動内容の報告、自分の変化など）
7　最終レポートを書く
8　年度末にスピーチを行う

ここで、この活動に参加した学生の最後のスピーチの原稿の一部を見てみたい。年度末のスピーチでは、このプロジェクトを通して自分自身や自分の将来への考えで変わったこと、学んだ大切なことなどについて学生は自分たちの考えを述べた。

まずはじめに取り上げるのは、リー（大学三年生、機械工学専攻）の事例である。リーは、近隣の高校で日本語を勉強している学生たちに日本語の楽しさを伝えるために共同で日本語の絵本の作成を行い、コミュニティの「日本語お話し会」でその絵本を子どもたちに読むという活動を行った。その際、高校の日本語の先生、コミュニティのお話し会の人たちとのやりとりを通して、日本語でメールが書けるようになること、少しでも自然に日本語を話せるようになることを目標とした。

そのプロジェクトの絵本を完成している時に、多くの困難に直面しました。パズル好きな私は、子ど

ものようのままで大学に入ってきました。人生がパズルばかりのゲームだったらいいなあと思っていました。でも、残念ながら、それはただの夢です。現実ではありません。人生は気楽なゲームではないので、責任ということが存在します。私はその責任と全然関わりたくありませんでした。失敗を恐れたから、いつも他の人の後ろに隠れて、決して指導的な地位に就きませんでした。そして、自分をがっかりさせないように、目標や期待を低く設定しました。でも、いつも安全な壁の中に閉じこもっていたら、前に進むことが出来ません。それが分かっても、長年の癖はそんなに簡単に直せるものではありません。だから、今年の絵本を作って読むプロジェクトをすることに決めました。私一人だけではなく、他の人も関わっているから、途中でとめることが出来なくなりました。逃げ道を封じて、絶対最後まで行くと決心しました。……責任と共に来る心配やプレッシャーのために、大変になりましたが、周りを前より注意したので、色々な今まで気づかなかったことを始《（ママ）》めて気付きました。新しい面白そうなことを発見して、私が知っている世界がもう少し広がりました。

　この活動の中で、リーはこれまでの世界とのかかわり方とは別のかかわり方をめざそうとしていることがわかる。そして、そのかかわり方の中でリーは、紙芝居や絵本という絵と言語を組み合わせた媒体を選び、その中でセリフを読むスピードや間の取り方、声の大きさや表情、また、トーンなどについて学んでいたようだ。また、実際に絵本を読んだ後の活動では、その感想を絵で描くという活動を行っていた。子どもたちの中には、まだ言葉を使って表現することが難しい年齢の子も含まれていたため、その子たちへも配慮したとも考えられる。

また、このリーのことばから読み取れることは、「かかわることば」の使用にはそれに伴う責任があるが、その責任は同時に喜びや驚き、そして、世界の広がりももたらしてくれる可能性があるという認識である。つまり、かかわることはいつも楽しいことばかりではないし、失敗したら人間関係が壊れるかもしれないという緊張感、プレッシャーを常に伴っているということへの気づきである。リーはいつも「話すこと、書くことは私には何語でも大変だ。言葉がすぐ出てこないし、言葉を一つ選ぶのにもものすごく時間がかかる」と話していた。そんなリーは、日本語の授業を取り始めたころはあまり人の目を見て話すことができなかったが、最後のスピーチでは表情豊かに相手の顔を少し見ながら話ができるようになっていた。

次に、クミン（大学四年生、生物学専攻）の事例を取り上げる。クミンは一学期目、日本人で韓国語を勉強している学生、日本語上級レベルの韓国人と日本語と韓国語の似ている点や異なる点について実際に会って日本語で話すという活動を始めた。二学期目もそれを継続し昔の日本のホストファミリーのエリに連絡をし、日本語と韓国語のランゲージ・エクスチェンジを行った。一学期目も二学期目も、若者言葉、カジュアルな日本語を勉強することが彼女の目標の一つであった。以下、クミンが昔のホストファミリーに連絡をとり、かかわっていった部分の記述である。

すべての始まりは二〇〇八年の夏でした。そのとき高校二年生だった私は交換プログラムで日本の大阪へ一ヵ月行きました。そしてエリ東山という女の子の家族が私のホースト《(ママ)》ファミリーになって三週間一緒に住むことになりました。その間私とエリはとても親しくなりましたが、最後に会ってから七年というもの全然連絡しませんでした。（中略）でも長い間一度も連絡しなかったエリこそ、今私のプロジェクトに参加しているエリ東山です。私は今学期、いつものように日本語を伸ばそうと思いましたが、特にクラスで習う標準語やフォーマルな日本語というよりもっとカジュアルで若者らしい日本語が習いたかったです。こういう希望がきっかけとなってプロジェクトの計画を立てながら彼女が頭に浮かんで、勇気を出して七年ぶりに連絡したのです。私は用件があるばかりに連絡したという感じがあって冷たく断られるかもしれないと思ってたくさん心配しましたが、逆に彼女はとても親切に返事をしてくれました。それがプロジェクトの発端になって、今私たちは毎週連絡する関係になりました。一週間に一回、彼女と話し合いながら日本語の実力を伸ばすだけでなく昔のことを思い出してたくさん笑ったり楽しんだりしています。エリのお陰でこういう風に面白くて役に立つようになった活動を私は毎週楽しみにしています。それにプロジェクトが終わっても私は彼女と連絡を続ける予定です。

前出のリーの事例と同様に、クミンも「心配やプレッシャー」の中で「かかわることば」を用いているのではないかと推測される。ある意味においては、日本語のクラスのプロジェクトのためという戦略的なかかわり方であったともいえるが、彼女の真摯な「かかわることば」の使用はエリに通じ、当初の日本語たくさん笑ったり楽しんだりし」、プロジェクトが終わってもエリと連絡を続けたいと思うほどの関係を持つようになっていった。

「かかわらない言葉」と「かかわることば」はその境界線が明確に引けるものなのだろうか。あまりかかわりたくないがかかわらなければならない、積極的にかかわりたい、戦略的にかかわりたいなど「かかわることば」の使用にはいろいろな可能性があるし、それはかかわる本人の選択であるだけでなく、それを受け取る相手、周りの環境によって意味合いも様々に異なってくる。したがって、何が「かかわることば」で、何が「かかわらない言葉」なのかは、そのことばの使い手、受け手次第なのである。

日本語学習者の中には、上級レベルになっても自分のことを日本語が不十分で常に直してもらわなければならない存在であると捉えている学習者も多い（Yoshimi 2013）。つまり「かかわらない言葉」の習得に一生懸命になっているのである。しかし、このプロジェクトでは、自分のバックグラウンドを活かし、自分は相手やコミュニティに何が与えられるのかということを考え、実際に相手とコミュニティにかかわるように、つまり「かかわることば」を用いるように指導した。その結果、上記のクミンが日本語と韓国語の会話パートナーの活動で行ったように相手の知らないだろうと思われる情報や、自分や自分の周りの一個人の意見などを相手に伝え情報交換を行ったり、リーの絵本の活動のように日本語には翻訳されていない絵本を翻訳して読み聞かせたりするような活動が積極的に行われた。この場合、大切なことは、言語や「文化」の違いを意識しながら、つまり、自分が様々な言語のレパートリー、「文化」を知っていることのメリットを考えながら、それと同時に、言語や「文化」の違いに焦点を当てすぎず、同じ人間として目の前にいる相手をしっかりと見つめ「かかわることば」を用いてコミュニケーションするというスタンスであろう。

5 未来を創ることばの教育へ

外国語教育の歴史において、「かかわることば」と「かかわらない言葉」をどのように捉え、どうかかわっていくかは、その時代のニーズや、言語観、教育観の変遷とともに変化している。伝統的な教授法としては、「かかわらない言葉」に「かかわることば」の息を吹き込んでいく文法訳読法、「かかわらない言葉」の言語習得をめざすオーディオ・リンガル・メソッド、「かかわることば」を身につけることをめざしてはいるが、それは情報・意見交換に限られており自分の「声」を獲得するという視点が欠けているコミュニカティブ・アプローチなどがある。また、最近のアプローチでは、「かかわることば」を奨励している複言語・複文化主義や第三の文化アプローチや「かかわることば」のレパートリーを増やしていく営みであるといえるトランスリンガル・アプローチなど「かかわることば」「かかわらない言葉」へのアプローチは多様である。

また、二つの実践例でも見たように「かかわることば」は「かかわらない言葉」に比べ、社会に様々な働きかけをすることもできるが、同時に暴力性も含んでいる。そのため、「かかわることば」の使用、解釈には責任が伴う。したがって、そのことばを相手がどのように受け取り感じるかなどに関して、使用者には常に心配や不安がつきまとう。「かかわることば」の使用は、泥臭い、駆け引き・緊張感のあるもの、つまりは、生きていくことそのものなのである。

したがって、教育の目標の一つをコミュニティの将来を担う人材を育成することと設定した場合、冒頭で掲げたように、ただ単に学習者が自分の属している（属したい）コミュニティのルール（「かかわらない言葉」や文化の規範など）を学び、それらを単に通例として受け入れるだけではなく、そのルールを「批判的に考察し交渉をする中で、いいと思うものは受け継ぎ、そうでないものは変えて行くための努力をし、コミュニティのメンバーとしての責任を担うことをめざす」（つまり、コミュニティの中で生きていく）ことが大切であることは明白である。その際、他者との意見交換、交渉、説得などにおいて「かかわることば」が必須なのはいうまでもない。その大切さは、「考えよう日本語コミュニティと自分」の実践報告でも示されている。また、特にことばの教育においては、人との関係構築を考慮しない、「道具」的な「かかわらない言葉」にどう批判的・戦略的に接していくのかを考えることも大切な課題である。本章では、その具体例を「日本のマイノリティー」の実践で取り上げ考察した。

コミュニティでことばを使うのには、「英文を同じ意味の和文にする」というコミュニケーションの発想ではなく、発話者、あるいは、「原文著者の『思い』や『願い』、『コレぞ言いたいこと』を」読み取る、あるいは、自分で積極的に相手に伝わる表現を模索していくといった姿勢を持つことが何よりも大切であろう。そして、かかわることばの使用は、自分の大切に思うコミュニティのために責任を持って、相手を引き込み自分も引き込まれる覚悟で行われるべきであり、それこそがわれわれのめざす「社会・コミュニティ参加をめざすことばの教育」であることを再確認し、本章のむすびとしたい。

注

[1] 本章では「ことば」を広義の意味でのコミュニケーションのために用いられる媒体と捉え、ボディランゲージ、声のトーンや大きさ、視線、表情、文字の字体や色といったようなマルチモーダルな要素を含むもの、また、手話、点字、アート（絵、写真、音楽など）なども含むものとし、「言葉」をそれらを含まない狭義の意味での言語と定義する。ただ、言語学、複言語・複文化主義のように慣用的に用いられるものに関してはその「言葉」をそのまま用いる。

[2] コミュニカティブ・アプローチとは、「アプローチ」という文言が示すように、教育・指導への「取り組み方」であるため、その名のもとに様々な手法やメソッドが存在する。ここでは、外国語教授法の教科書として頻繁に引用される Richards and Rodgers（2001）*Approaches and methods in Language Teaching*（2nd ed.）の中で解説される「コミュニカティブ・ランゲージ・アプローチ」を主な参考とする。

[3] コードスイッチ、クロッシング、スピーチ適応（Speech accommodation）、対人関係のストラテジー（Interpersonal strategies）、修復（Repair）、言い換え（Rephrasing）、明確化（Clarification）、ゼスチャー（Gestures）、トピックの変更（Topic change）、コンセンサス指向（Consensus-oriented）、相互サポート（Mutually supportive）、学習言語使用の際の言語使用者の態度に関する調査研究結果の提示（Attitudinal resource）、忍耐（Patience）、許容（Tolerance）、異なる意見交渉の際の謙遜の度合（Humility to negotiate difference）

［4］ ことば概念の捉え方でトランスリンガル・アプローチに近いアプローチにメトロリンガリズム（Pennycook and Otsuji 2015）がある。
［5］ このプロジェクトは柴田智子さんと開発を行ったものである。

参考文献

石黒敏明（二〇一三）「外国語教授法の歴史から学ぶ――これからの英語教育で何が必要か」『神奈川大学心理・教育研究論集』第三四号
伊藤嘉一（一九八四）『英語教授法のすべて』大修館書店
鎌田修・川口義一（一九九六）『日本語教授法ワークショップ』凡人社
熊谷由理（二〇一四）「「日本＝日本人＝日本語」というイデオロギー脱構築への上級日本語コースでの試み」全米日本語教育学会春期大会発表原稿
佐々木瑞枝（一九九四）「オーディオ・リンガル・メソッドとコミュニカティブ・アプローチの融合をめざして」『横浜国立大学留学生センター紀要』一
佐藤慎司・熊谷由理（二〇一一）『社会参加をめざす日本語教育――社会に関わる、つながる、働きかける』ひつじ書房
高見澤孟（一九八九）『新しい外国語教授法と日本語教育』アルク
西俣美由紀・熊谷由理・佐藤慎司・此枝恵子（二〇一六）『日本語で社会とつながろう！――社会参加をめざす日本語教育の活動集』ココ出版
細川英雄・西山教行（二〇一〇）『複言語・複文化主義とは何か――ヨーロッパの理念・状況から日本における受

容・文脈化へ』くろしお出版
細川英雄（二〇一二）『「ことばの市民」になる――言語文化教育学の思想と実践』ココ出版
南雅彦（二〇一四）「日本語教育研究――第二言語習得理論とアメリカの日本語教授法への影響」国際交流基金『アメリカにおける日本語教育の過去・現在・未来』
http://www.aatj.org/resources/publications/book/SLA_Minami.pdf
Austin, J. L. and Urmson, J. O. (1962) *How to do things with words*. Oxford: Oxford University Press.
Canagarajah, S. (2007) After disinvention, In Makoni, S. and Pennycook, A. (eds.) *Disinventing and reconstituting languages* (pp. 233–239). Clevendon: Multilingual Matters.
Canagarajah, S. (2013) *Translingual practice: Global Englishes and Cosmopolitan Relations*. Routledge.
Council of Europe (2001) *Common European framework of reference for languages: Learning, teaching, assessment*. Cambridge University Press.
Diller, K. (1971) *The language teaching controversy*. Newbury House.
Halliday, M. A. K. (1973) *Explorations in the functions of language*. Edward Arnold.
Hymes, D. (1972). On communicative competence. In Pride, J. B. and Holmes, J. (eds.) *Sociolinguistics* (pp. 269–293). Penguin.
Iwasaki, N. and Kumagai, Y. (2015) *Genre-based approach to reading as a social practice*. London: Routledge.
Johnson, K. and Morrow, K. (1981) *Communication in the classroom: Applications and methods for a communicative approach*. Longman.
Kramsch, C. (2009) Third culture and language education, In Cook, V. and Wei, L. (eds.) *Language Teaching and*

Learning (pp. 233–254). Continuum.

Kramsch, C. and A Whiteside (2008) Language ecology in multilingual settings. Towards a theory of symbolic competence. *Applied Linguistics,* 29, 645–671.

Kumagai, Y., Lopez-Sanchez, A. and Wu, S. (eds.) (2015) *Multiliteracies in World Language Education*. New York: Routledge.

Nunan, D. (1991) Communicative tasks and the language curriculum. *TESOL Quarterly,* 25 (2), 279–295.

Omaggio-Hadley, A. (1993) *Teaching language in context* (2nd ed.). Heinle & Heinle.

Pennycook, A. and Otsuji, E. (2015) *Metrolingualism: Language in the city*. Routledge.

Richards, J. C., and Rodgers, T. S. (2001) *Approaches and methods in Language Teaching* (2nd ed.). Cambridge University Press.

Sato, Shinji (2011) Creativity and Japanese language education. *Occasional Paper* 11, Association of Teachers of Japanese.

Savignon, S. J. (2002) Communicative language teaching: Linguistic theory and classroom practice, In Savignon, S. J. (ed.) *Interpreting communicative language teaching: Contexts and concerns in teacher education*. Yale University Press.

Searle, J. R. (1969) *Speech acts: An essay in the philosophy of language*. Cambridge University Press.

Yoshimi, D. (2013) What can a reconsideration of the communicative approach tell us about teaching advanced learners?: The discourse of a communicative classroom in the post method era. Paper presented at American Association of Teachers of Japanese.

7章　言語・文化・アイデンティティの壁を越えて
——ともに生きる社会のための対話環境づくりへ

細川英雄

1　ともに生きる社会のための対話環境づくりへ

本章は、「かかわることば・かかわらない言葉」というテーマをめぐって、ともに生きる社会のための対話環境づくりという課題について、言語・文化・アイデンティティの壁を越えるという観点から論じるものである。

本書の枠組みとして提案されている「かかわることば・かかわらない言葉」という概念について、本章では、「かかわることば」を、身体、心、思考を含めた、自己と他者の関係性の中で対象を捉えることばの活動と捉え、「かかわらない言葉」を、そうした関係性から離れ、観察者として分析的にのみ対象を見る思考の態度およびその言動と解釈し、この観点から、外国語・第二言語・母語のそれぞれのことばの教育を統合した、ともに生きる社会における対話環境づくりの課題について検討することとしたい。

私たちの生活の願いと「壁」の感覚イメージ

私たちは、毎日の生活の中で、さまざまな人と出会い、語り、住みよい安心して暮らせる社会であってほしいと願っている。

しかし、近年のさまざまな移動の現象は、今まで遭遇しなかったような、新しい、いろいろなものやこと、そして人との出会いが経験として私たちに迫っている。たとえば、いわゆる外国人との交流がそれにあたるだろう。近年の少子化に伴い、労働人口の大幅な減少によって、もはや多くの外国人労働者によらなければ将来の労働力が確保されないという統計も出ている。そればかりではなく、日本各地の地域によっては外国につながる人たちとの接触や交流が、学校での教育や学習、あるいは地域での生活の中で、すでに日常的に起こりはじめているところも決して少なくはない。

こうしたとき、言語・文化・アイデンティティに関する壁のイメージがわれわれを捉えて離さない。なぜなら、異言語、異文化、そして異なるアイデンティティを持った人たちとどのように接すればいいのかという課題に向き合わなければならないという強迫観念にとらわれているからである。

では、なぜ私たちは、言語・文化・アイデンティティの異なることを「壁」というイメージで捉えるのだろうか。

ここに、「かかわらない言葉」の壁が存在する。つまり、言語や文化が異なるという事態は、私たちの活動や生活の中で、何か支障となるようなもの、うまくいかないときの理由として使われているからだ。人は毎日の生活の中で、さまざまな人と出会い、語り、住みよい安心して暮らせる社会であってほしいと願いつつ、いざ目の前に、言語や文化の異なる他者が現れたとき、反対に、そうした状況を悪しきものと捉え、できればそうした「壁」は回避したいと考えてはいないだろうか。そうした現象を「壁」と捉えれば捉えるほど、その「壁」の感覚は大きくなり、自分たちの中から排除したいという気持ちが増大する。

そこで、この「壁」の感覚を超えて、人が人と心地よく生活するとは何か、ということを考えてみよう。つまり、言語や文化が異なるという事態を障害や困難としてではなく、新しい出会いとして心地よく受け止めるにはどうしたらいいのか、ということなのである。

このことを検討するために、言語や文化が異なることがなぜ「壁」なのか、このような感覚イメージはどこから来るのか、という問題についてあらためて振り返ってみよう。

言語とは何かという問題

まず言語とは何かという問題である。

たとえば、世界中に言語はいくつあるかという問いの「いくつ」は、しばしば「何ヵ国語」という表現に置き換えられる。「何ヵ国語」というからには、国の数ということになるが、国連で承認されているものとしては、およそ二〇〇前後である。しかし、この地球上に、言語はおよそ六〇〇〇～八〇〇〇あるとされている。したがって、国の数をはるかに上回る言語が、世界中にはあるということになる。ということは、一つの国に平均しておよそ三〇から四〇の言語があるということになる。また、この六〇〇〇〜八〇〇〇という数字は世界中の民族の数とほぼ符合していることから、一つの国には、三〇〜四〇の民族があって、それぞれが異なる言語を使って生活しているということになるだろう。ゆえに、私たちが言語について考えるとき、地球上の言語・民族を広く視野に入れていく必要があることは言うまでもない。

しかし、私たち一人ひとりの日常にもっと即してみると、個人は、両親のことばを家族の中で受け継ぎ、育つ地域のことばを享受し、国家の言語を学習する。そして、さまざまな他者とことばを共有し、地理的に離れた地域・社会のことばを学び、それらを総合して、自分のことばを形成していくという自分誌を持っている。

このように、個人の中の複数の言語的要素の存在を考えると、一人の人間の中での、母語・第二言語・外国語といった包括的統合の問題を無視できなくなるだろう。この課題は、一つの社会における多言語多文化という考え方（多言語多文化主義）から、一人の人間の中の複数の言語・文化という発想（複言語複文化主義）への転換を示唆しているといえる。

つまり、一つの社会に多くの言語があるというだけではなく、一人の個人の中にさまざまなことばが内在していることを示唆するからである。その場合の言語とは、必ずしも完璧に使える言語を意味しない。あいさつ程度、買い物だけ、少しわかる、といった、一見中途半端なものを十分含みうるということである。

このように記述してきて、「ことば」というものが「言語」とまったく同義ではないことに気づくだろう。いわゆる言語学で区切られた六〇〇〇〜八〇〇〇の境界を持つ「言語」としてではなく、地球上の個人の数だけ、すなわち六〇億の「ことば」という可能性に広がっていく。さらに、その個人が、いくつものことばを内在させているとすれば、もはや数値で測ることができない無数のことばが、この世界に存在するということになるだろう。こんなふうにいうと、やや大げさに聞こえるかもしれないが、たとえば、日本語一つを例にとっても、さまざまな地域語としての方言があり、方言の中にもいろいろな使い分けがあり、さらに、おのおの個人には家族語がある。この家族語というべきもののもそのファミリー・メンバーすべてが同じ「ことば」を話しているわけではないことは明らかだ。

2 感覚・感情・思考の総体としてのことば

ここまで述べてくれば、「ことば」と「言語」の違いというものも少し見えてくるにちがいない。言語学は、その言語の系統や構造そして機能を中心に、言語を分類し、言語の縁戚関係を規定するわけだが、それは、ことばを考える上での、一つの側面に過ぎないということになる。人と人をつなぐためのことばは、言語の種類や形だけではなく、もっと大きなもの、全体的なものだということになるだろう。

あえてヴィゴツキーに倣えば、外言として表出したものを「言語」と呼ぶならば、内言に相当するものが、いわば思考にあたる。この思考と言語を結びつけるプロセスが「言葉」ということになろうか。さらに、仮名書きの「ことば」は、思考と言語を結びつけるだけではない。身体の感覚や心の感情をも含みうる概念として機能しうる。

なぜなら、人が感じたこと、思ったこと、考えたことを他者に向けて表現するという行為は、その身体に由来する感覚、心から出た感情に支えられて具体化するからである。表現という行為は、身体感覚から発して、思考から言語に至る活動の総体を指すことになり、その総体こそを「ことば」と称すべきだろう。

仮に、上記のことを整理すれば、およそ次のようになる。

言語＝論理的な思考の表出したもの
言葉＝思考から言語へのプロセス
ことば＝身体の感覚、心の感情、論理の思考の表出過程の総体

この場合の身体の感覚や心の感情は具体的な目に見える形をとらないため、おそらくはそれぞれ身体の声、心の声として私たちには感知されることになろう。つまり、人と人の関係をつくり・つなぐための総合的・総体的やりとりのプロセスとして、このような「ことば」のあり方を考えることによって、私たちはあらためて「ことば」の存在とその意味を知ることになるのである。

つくられた「文化」観を超えるために

このように考えてくると、文化に関してもまた同様の切り口が見えてくる。

たとえば、一つの家族内ならばコミュニケーションは問題ないのか、と問えば、先ほど触れたように、同一のファミリーでも、決してそうではないことはすでに明らかだろう。

ことばが通じない、だから、コミュニケーションができない、言いたいことが伝わらない……、といった困難は、言語の問題ではなく、広くことばの問題なのである。なぜなら、ことばは、身体や心の声を含むものであるから、当然のこととして、その人の考え方や価値観も含まれている。つまり、物事をどう見るかというときのレンズの役割も果たしているといえる。これが「文化」と呼ばれるものを、内側から考えようとしたものである。

しかし、私たちが、「文化」というとき、○○人や○○社会などの集団（主に国や民族）を境界として、その現象や習慣を「文化」と呼んでしまうのはなぜなのだろうか。

ここに、近代国家の政治的装置とそれを支える人々の社会通念の問題が登場する。たとえば、国家語としての国語という問題を指摘することができるだろう。「日本＝日本語＝日本人」という国家＝国語＝○○人という単一イメージをつくってきたのは、近代の国家的政策であったといえるし、同時に、そうした社会通念を無批判に受け入れ、いつのまにか自分のイメージをつくりあげてしまう個人の存在を無視するわけにはいかない。そうした社会通念は、これまでの学校教育を通して、人々の中に深く入り込んできている。

たとえば、日本語教育の世界では、外国人に対して、「日本人は普通そんなことは言いません、日本語では……」「日本では、普通こんなふうにふるまいます、これが日本文化です」というような発言がしばしば繰り返されている。しかも、こうした思い込みと常識は、日本語教育の世界だけでなく、私たちの日常生活の中にも満ち溢れているといってもいいだろう。

これらの社会通念は、人と人の関係性から離れ、集団の観察者として分析的にのみ対象を見ること、すなわち「かかわらない言葉」によって解釈せられた結果を人々が鵜呑みにした結果なのだといえる。

言語や文化の異なることが「壁」ならば、言語や文化が同じであることは本当に安心で心地よい関係なのか、という問いをもう一度、自分に課してみたらどうだろう。むしろ、言語や文化も同じなら、安心で心地よいことだと思い込むことこそ、人と人をつなぐための対話の危機であるということを認識しなければならない。

彼女はステレオタイプをどのようにして乗り越えたか

この言語と文化の問題に関連して、一つの具体例として、ドイツから来たザビーネ（仮名）の例をあげて考えてみよう（細川 一九九九参照）。

ザビーネは、ドイツの大学でいわゆる「日本学」を学び、日本には日本語の習得をめざして一年間留学してきた学生である。私の勤務していた日本語教育のセンターに登録し、たまたま私の担当する当時のクラスに参加していた。

彼女が学んで来た日本学という分野は、日本の文学や歴史、あるいは経済や社会などを広く学ぶもので、旺盛な好奇心とたいへんな努力家という印象があった。

すでにドイツで数年間日本語を勉強してきているので、ある程度のやりとりは可能だったが、知識の量に比べて、日本語でのやりとりになれていないところがあり、「日本人のように話せるようになりたい」という願望が強かったようだ。私のクラスへの参加動機も、日本人と直接話せる機会が多いからということであった。

当時、私のクラスでは、「わが隣人」というタイトルで、身近な人にインタビューをしようというプロジェクトをつくっていた。そこでは、まず自分の周囲の魅力的な人物をあげ、その人にインタビューする計画を立てる。その際に、なぜその人が魅力的なのか、どのような点がどのように魅力的なのかについてクラスでディスカッションをするところから、このプロジェクトははじまる。このディスカッションの中で、魅力的な点からテーマが引き出され、そのテーマに基づいて、インタビューが行われるという手順になっていた。

彼女のテーマは、「日本人女性の生き方」というようなことであった。ドイツの大学で日本学を学ぶ中で、日本での女性の生き方のようなことに関心を持ったという。このテーマを具体的にするために、彼女は、自分が住んでいる留学生寮の管理人であるRさんをインタビュー相手に選んだ。

もともと「日本人女性の生き方」というテーマそのものが、実際どのようなものなのかは当初からよくわからなかったようなのだが、そのことがインタビューを通じて、徐々に明らかになってくる。つまり、こうしたテーマを立てる段階で、すでに「日本人女性」という社会通念の枠にザビーネはとらわれていたのだ。

留学生寮の管理人であるRさんにインタビューするうちに、このRさんが自分の描いていた「日本人」のイメージとは少し違う人であることにザビーネは気づきはじめる。たとえば、すでに離婚していることとか、物事をはっきり言うタイプだとか、自分の生家を出て日本の各地で生活した経験を持っている、とかである。

こうしたRさんの性格や経歴は、今までザビーネが描いてきた「日本人女性」のイメージとはかなり異なる人物であることがインタビューを通じて明確になってくる。

ザビーネはこのことに驚き、自分の立てたテーマと実際のRさんの姿との差異に戸惑ってしまう。そのために、インタビューをどのように進めていったらいいかがわからなくなる。そのような迷いの中で、インタビューそのものに挫折しかけてしまう。

これを救ってくれたのは、Rさん自身だった。何を聞いていいかわからなくなったザビーネに対して、Rさんのほうから積極的に話しかけてくれ、そのRさんの問いにゆっくりと答えているうちに、しだいに、ザビーネは自らの心を開き、なぜそのようなインタビューをしようと思ったのかの心情をRさんに吐露しはじめる。それに対し、Rさんは自分の境遇を語ることで、ザビーネを理解しようとする。こうしたやりとりに助けられ、やっとインタビューを続けようという意思をザビーネは持つようになる。

3　インタビューから対話へ、そして文化とは何か

このザビーネの変化は、授業活動として行ったインタビューが、しだいに個人としての対話に変わっていくプロセスとして観察することができる。そして、この対話を通じて、ザビーネは、なぜ自分がそのような「日本人」イメージを持っていたのかということに気づくようになる。

ドイツの大学で勉強していたときは、日本学という分野の中で、「日本人」とはこのようなもの、というイメージを持ち／持たされ、それを両手いっぱいに抱えて日本にやってきた。日本でもまた、いろいろな情報の中で、そのイメージが強化された。しかし、自分のイメージと異なる人に出会うことによって、ザビーネはようやく自分のステレオタイプに気づくことになった。そして、その気づきには、その人との心を開いた対話がとても大きな要素を占めていることがわかる。その発見は、国や民族のような集団の枠組みから解放されたとき、つまり、一人の個人となったとき、はじめて現れるのである。

一人の個人となるということは、対等な関係を結ぶということでもある。対等の意味は、この人ならば話しても大丈夫、この人に私の心を開きたい、そのように思う感覚・感情である。それは、感覚としての身体の声、感情としての心の声に耳を傾けるということであると同時に、きわめて精神的なつながりを意味している。ザビーネの場合、Rさんとの対話を通じて、対等な関係をRさんと精神的に結べたことが、ステレオタイプの気づきへとつながっている。このような自己を表現し、他者を認め、対話を成立させていくための、さまざまな要素の基盤となる対等な関係こそが、自分自身の社会通念を組み替え、そのステレオタイプを乗り越えることにつながっている。

この対話のプロセスにこそ文化があると私は痛切に感じる。この経験は、文化は、たとえば、日本社会のような集団社会とともにあるのではなく、私たち一人ひとりのことばのやりとりの中にあるということを示唆している。

つまり、文化というものを「日本文化」というような集団的な枠組みで捉えるのではなく、一人ひとりのことばのやりとりの中にすでに文化は組み込まれていると捉えることで、その文化は、ことばと別々にあるものではなく、一人ひとりの意識や認識とともにあるものだということになるからだ。

そう考えると、そもそも文化とは、モノとして存在するのではなく、私たち一人ひとりの意識・認識であり、それはきわめて動態的・流動的なものだ。

では、この一人ひとりの文化とは何か。

そのような見えない意識・認識が人々の感性や思考あるいは行動の様式に影響し作用することは当然だけれども、そうした個人が「文化」を捉え直すことは、「社会」の中で生きている自分をもう一度捉え直すことにつながる。つまり、自分の文化、他者の文化というときの文化は、すでに自分の意識・認識によって無自覚的に規制され、その枠組みの中で対象を見てしまうからである。

ことばによるやりとり、すなわち対話は、自分の属している複数の社会をそれぞれどう見るかということと深く関係しているため、「個人」による受け止め方の「変化」は、そのまま「社会」をどう見るかという問題へとつながっているのだ。人と人が対話をするということ、その社会において自分がどうふるまうか、あるいは、その社会をどう見ているか、また、その社会にどうなってほしいかということと密接にかかわるからである。

繰り返せば、このような、ことばによるホリスティックな活動こそ、文化の学習そのものであると私は考えたい。すなわち、それまで持っていた文化のイメージとは何かをもう一度捉え直し、なぜそのような文化イメージにとらわれていたかを振り返ること、そうした自分と真正面から向き合うこと、これが文化の学習であり、同時に、ホリスティックなことばの活動による教育なのである。

4　ことばの活動によって問われる言語教育の意味

これを言語教育という観点から見ると、母語を異にする人間同士のかかわりのためには最低限の言語力や知識がいる、という主張があるにちがいない。ザビーネの例にしても、ドイツの大学で、ある程度学習してきたから、こうした活動ができるのだ、という意見がむしろ一般的だろう。

こうした活動が可能なのは既習者だからだという思い込みが一般を支配しているのは、教師自身が自らの言語学習経験から自由になれないからだろう。知識も経験もまったくのゼロの言語を用いて、ザビーネのような体験を得られるのかという質問をしばしば受ける。ある言語圏で生活すれば、だんだんとその言語を使いこなす姿は想像がつくが、教室場面においても可能なのか、という疑問である。

実際には、新しいことばを学ぶはじめての場面から、さまざまなやりとりがはじまっている。それをいかにして意識化し、形の見えるやりとりにしていくかは、対話の環境づくりの課題に他ならない。ザビーネのような活動は、教室の場面でこそ必要なのである[1]。

だからこそ、ことばによる活動実践そのものを、個人の生活と分かちがたい混沌とした「全体」として、そのことばを自分のものとして身につけることができるような環境設定が重要なのである。その環境の中でこそ、自身の生活の活動全体として全身でホリスティックに体得することが可能になるはずである。

言語教育を、母語、第二言語、外国語のように分類するのが一般的であろうが、この分類とその枠組みは、きわめて現実是認の暫定的なものである。たとえば、外国につながりを持つ子どもたちにとって、日本の学校で学ぶ日本語は、母語でもあるし、第二言語であるともいえる。世界中のバイリンガル状況の子どもたちにとっても、状況はそれぞれであるが、単純に母語か第二言語かといった線引きは難しい。また、外国語の場合も、たとえば、イマージョンプログラムのような場合は、その言語に浸りづけになるわけだから、社会の言語と異なるからというのは、理由にならない。

このように、実際のところは、その境界そのものがほとんど意味をなさないにもかかわらず、あえてその分類を堅持・固持しようというのは、教育の制度およびそれをつくった教師の社会通念、すなわち常識によっているためである。

こうしたときに出てくる質問は、五〇人のクラスで、そんなことをするのは不可能だとか、教材があるのでそれに従うしかないというような意見である。そこには、現実を疑う「なぜ」が存在しない。こうした考え方そのものが、学ぶ人を閉じ込める、とても強い殻となっていることに多くの人は気づかない。つまり、こうした「なぜ」を持たない現状肯定こそが、人と人をつなぐ・結ぶ関係性から離れて、現状の制度の枠組みの中で自分の問題として課題を捉えない観察者としての態度およびその言動なのである。

基礎・基本から積み上げて、コミュニケーション能力をつけるという発想をダメだと否定するわけではないが、そうではなく、一人ひとりのテーマについてゆっくり静かに、しかし熱く語れる環境をつくろうとするとき、言語習得だけを目的としない言語活動とその活性化、すなわち、身体、心、思考を含めた、自己と他者の関係性の中で対象を捉えることばの活動への志向が生まれる。

アイデンティティをどう捉えるか

ザビーネは、Rさんとの対話を通して、「私はこの人と話していていいんだ」という安心感を持ち、自らの心を開くことによって、自分自身を閉じ込めていた社会通念の殻を破った。

ここにこそ、アイデンティティを問う意味が、ことばの活動にあるということと私は考える。ザビーネが自分の持つステレオタイプに気づき、それを克服／脱出したことと、彼女自身のアイデンティティの変容とはどのような関係があるのかという疑問も出てくるにちがいないが、ここでいうアイデンティティとは、自分が自分として認められているという意識・居場所の感覚のことを指している。「私はここにいていいんだ」という気持ちが自分の中で醸成されることが、すなわち彼女にとってのアイデンティティ形成ということになるだろう。

これは、アイデンティティという概念を固定的なものと捉えるか動態的なものと解釈するかによって異なってくる。

一般にアイデンティティというと、「日本人としてのアイデンティティ」という表現に象徴されるように、どのような集団に所属・帰属しているかという自己規定性を指すことが多い。しかし、これは自己というものをきわめて固定化してとらえる視点によるものである。このような見方からすると、常に人は集団への所属・帰属の意識の中で生きていることになる。そうした意識は、むしろステレオタイプを助長し、個人としての自由をいつの間にか失ってしまうのではなかろうか。こうした固定的なアイデンティティ観もまた、身体、心、思考を含めた、自己と他者の関係性の中で対象を捉えることができない、外側からの傍観者としての態度と言動を形成してしまうだろう。

そうではなく、自分自身の感覚・感情あるいは思考や考えがきわめて動態的であることを自覚し、先ほどの例のように、「私はこれでいい、ここにいていいんだ」という意識を持つプロセスそれ自体こそを、アイデンティティ形成と呼ぶべきではなかろうか。

そうすることによって、今までのものの見方が変容すること、それがすなわちアイデンティティの変容といえるだろう。ものの見方とは、その人の価値観のことである。つまり、アイデンティティとは、「自分はここにいていい」という安心感を表すと同時に、「私はこのように感じる、思う、考える」という個人の立場を表明するものであるともいえる。

ザビーネは、この活動を通して、自らの社会通念の崩壊を自覚し、他者との対話の喜びを実感できた。このこと自体が、すでにアイデンティティの変容といえるだろう。彼女が自らのステレオタイプに気づいたとき、すでに彼女自身のアイデンティティが変容しはじめたと言って過言ではないだろう。

5　ことばの教育とは何かという問い

ザビーネの例から明らかなように、このようなことばの活動にとって重要なのは、自己と他者の関係の中で対話が生まれる環境であるといえる。したがって、次の課題は、そうした感覚・感情・思考の総体が活性化する対話の環境をどのように保障するかということであるといえよう。

言い換えれば、価値観の異なる多様な他者との協働において、自己を表現するとともに他者を理解し、ともに住みよい社会をつくっていこうとする意識形成のプロセス体験であり、そうした経験を意識化する対話の場の環境設定であろう。

それは、ことばの教育とは何か、という最終目的への問いでもあり、この社会において、一人ひとりが社会とかかわりを持つにはどうしたらいいかという課題でもある。このことは、行為者一人ひとりが、一個の言語活動主体として、それぞれの社会をどのように構成できるのか、つまり社会における市民としてどのような言語活動の姿勢が求められるのかという課題と向き合うことである。この市民性形成こそが、ことばの教育の重要使命であり最終的な目的ではなかろうか。

そのような意味で、こうした対等な関係を妨げるものが、さまざまな社会的現象を生んでいるともいえる。たとえば、家族内暴力、不登校といった家族・学校等をめぐる社会現象は、対等な関係を維持できない統制と管理の弊害ということもできるだろう。統制と管理によって、私たちは、身体や心の声を聴くことができない状況に追い込まれる。その結果、そこでは、お互いの身体、心、思考のことばを総体として共有できない、つまり、人と人がかかわり合えないという不幸が垣間見えるからである。

標題に帰って考えるならば、言語や文化が異なるという「壁」の感覚イメージは、近代の国家観や合理的科学観に基づいて言語や文化の境界をほとんど疑うことなく鵜呑みにした結果、自らのアイデンティティと他者との関係性が切り離された「かかわらない言葉」によって生まれたともいえるだろう。一方、対話環境への気づきから、言語や文化の境界を批判的に捉え直す「かかわることば」によって、言語や文化が異なるからこそ、一つの新しい出会いの可能性として認識されることになるだろう。

このことは、「人は一人ひとり違う、されど人はみな同じ」(細川 二〇〇二) という社会構成の原理を、ことばの活動によってどのように意識化し、そのことによって、ことばの教育が何をめざそうとするのかを検討することになる。それは、相互文化性そのものの意味 (バイラム 二〇一五) を問い直すことであり、母語、第二言語、外国語という分類を越えた、身体、心、論理の総体によることばの活動によって、「『共に生きる』社会」(福島 二〇一一) という感覚を取り戻すことでもある。

このように考えるとき、ことばの教育とは、「言語を教える」ことではなく、「ことばによって活動する」場をつくることとなろう。たとえば、個人一人ひとりが、自分の興味・関心から問題意識へという方向性を持ち、ことばによる活動を軸に、他者を受け止め、テーマのある議論を展開できるような場 (共同体) を形成する活動が必要だ。そのためには、まず自分の問題関心について話せるという信頼と安心、そのための環境において「私は○○人である」という帰属感ではなく、「私としてここにいる」という居場所感を持つことで、人はことばの市民としての責任を担うようになる（細川 二〇一二b）。

相互文化性とは、個人から地球規模までの諸文脈における、複数のアイデンティティを含有する、他者との相互関係性そのものを指している。したがって、その教育とは、上に示したような、自らの発信と他者理解、そして、この地球上の、さまざまな人々とともに生きていくための社会構築をめざした、ことばによる基盤的な活動の場とその形成を指すからである。

6 「かかわることば」の言語教育へ

本章では、筆者がこれまでの実践の中の一つの事例を具体的に提示し、それが、自分の興味・関心に基づいて、自らのテーマについて考えようとする過程や対話を通して、しだいに異なるものとしての他者に気づき、その意見を受け止めることによって、もう一度、自分の価値観を見直すようになる過程であることを確認した。

このことを通して、「言語や文化が異なるという「壁」の感覚イメージは、むしろ「言語が同じ、文化も同じ＝安心」という思い込みの上に成立していること、私たちの日常にも深く根ざしている、この思い込みこそが、お互いの相互理解を妨げていることを指摘した。さらに、こうした壁の感覚イメージの多くが、近代以降の、観察者としての、冷たい思考の視線による差異の認識に由来するものであることに言及し、私たちがことばによって互いに「かかわる《エンゲージメント》」ためには、自己と他者の関係性の中で、もう一度自らの感覚・感情の声を聴き、身体、心、思考による相互理解、そしてその総体としてのことばによる教育をめぐって、ともに生きる社会をつくるという協働的な関係認識の重要性について提案した。

これからの言語教育の新しい方向性として、「かかわることば」のための議論の場の形成されることを強く期待したい。

注

［1］ いわゆるゼロビギナーが自分の考えていることを発信する場の具体的な形成については、以下の論考を参考にされたい。

金龍男・武一美・古屋憲章（二〇一〇）「人と人の間にことばが生まれるとき――教師自身による実践研究の意義」『早稲田日本語教育学』第七巻、二五―四二ページ http://hdl.handle.net/2065/29805

森元桂子・金龍男・武一美・坂田麗子（二〇〇九）「学習者が主体的に参加するとき――総合活動型日本語教育の初級クラスの実践から」『言語文化教育研究』第八巻第二号一〇〇―一二三ページ http://alce.jp/journal/dat/gbkkv08n02morimoto.pdf

崔允釋・張珍華（二〇〇四）「ゼロビギナーへの試み」細川英雄・NPO法人「言語文化教育研究所」スタッフ『考えるための日本語』明石書店、一九二―二一六ページ

細川英雄・武一美（二〇一二）『初級からはじまる「活動型クラス」――ことばの学びは学習者がつくる』スリーエーネットワーク

参考文献

牲川波都季・細川英雄（二〇〇四）『わたしを語ることばを求めて――表現することへの希望』三省堂

バイラム、マイケル（二〇一五）『相互文化的能力を育む外国語教育――グローバル時代の市民性形成をめざして』（細川英雄監修）大修館書店

福島青史（二〇一一）「『共に生きる』社会のための言語教育」『リテラシーズ』第八巻、一―九ページ

細川英雄（一九九九）『日本語教育と日本事情――異文化を超える』明石書店

細川英雄（二〇〇二）『日本語教育は何を目指すか――言語文化活動の理論と実践』明石書房

細川英雄（二〇一二a）『研究活動デザイン――出会いと対話は何を変えるか』東京図書

細川英雄（二〇一二b）『「ことばの市民」になる――言語文化教育学の思想と実践』ココ出版

Byram, M. S.（2008）*From Foreign Language Education to Education for Intercultural Citizenship*. Multilingual Matters.

おわりに

本書は、序章の最後にあるように、二〇一四年五月にプリンストン大学で開催されたプリンストン大学日本語教育フォーラムにおける佐伯の基調講演『かかわることば、かかわらない言葉』がきっかけであった。佐伯が人間の「かかわり」における「ことば」の役割について考え始めたのは、一九八四年に、認知科学に関する日米共同研究のために来日したカリフォルニア大学サンディエゴ校のマイケル・コール教授が、東京大学総合図書館の会議室で行った講演[1]からである。コールは人類が「書くこと」のためにシンボルを使い始めてから、今日のアルファベット文字（残念ながらコールは漢字文化については一切触れていない）が使われるようになるまで、とてつもなく長い歴史をたどってきたことを、紀元前数千年の象形文字の時代からの変遷を通して語ったのであるが、その中で、文字や数字の発明以後、人々の分析的・論理的思考がとてつもないスピードで発展して科学・技術の文明を爆発的に開化させてきたのだが、一方で、人類の歴史で長く大切にされてきた身体感覚、イメージなどの「絵的」コミュニケーションが忘れ去られてきたため、思考が具体性を欠き、要素還元主義にかたよって、統合的（全体的）に状況をまるごととらえる見方ができなくなっている、という話であった。その後、佐伯は人類の文化史の中で、数万年前からホモ・サピエンスが洞窟の壁画に見られるように、絵的シンボルを大切にしてきたことを知った（三万年以上前のショーベ洞窟壁画の中には、描かれてから約五千年後に描かれ足されたものもある――つまり、数万年間、同じような壁画に囲まれて生活していた）。それ以来、私たちのことばの中には、身体性、イメージ性、全体性を大切にした「ことば」と、厳密で論理的で分析的な思考の媒体としての「言葉」があり、活き活きとした対話性のあるコミュニケーションと、客観性と論理性をもつ推論を展開するという二通りの様相が混在していることがわかってきたのである。

本書では前者を「かかわることば」とし、後者を「かかわらない言葉」と、一応は区別して執筆に当たったのであるが、本書の各章をお読みになれば、この二通りの「ことば」／「言葉」は、実際にはなかなか分かちがたいものであり、両者は複雑に絡み合っていることがおわかりであろう。

その意味で、本書はあくまで「ことば」／「言葉」について、さまざまな言語使用の現場をあらためて問い直し、その複雑さと豊かさを味わいながら、私たちの文化の中でそれらがどのように生きているかを、原点から考え直すきっかけとなることを願っている。

佐　伯　　胖

［1］　講演の日本語訳は、以下にある。
マイケル・コール（久富節子訳）「リテラシーの文化的起源」佐伯胖編『理解とは何か』（コレクション認知科学2）東京大学出版会、二〇一五年、九九―一二六頁。

執筆者紹介

佐藤慎司（さとう・しんじ）［編者、はじめに、序章、6章］プリンストン大学東アジア研究学部日本語プログラムディレクター、主任講師、専門は教育人類学。編著に『未来を創ることばの教育をめざして――内容重視の批判的言語教育（Critical Content-Based Instruction: CCBI）』（ココ出版、二〇一五）、『文化、ことば、教育――日本の教育の標準を超えて』（明石書店、二〇〇八）など。

ひとこと「外国語・継承語・国語・日本語教育だけでなく、さまざまな分野の方ともっとつながり、ことばの教育、教育のことば、かかわることばについてもっと考えていきたいと思っています！」

佐伯　胖（さえき・ゆたか）［編者、1章、おわりに］田園調布学園大学大学院人間学研究科子ども人間学専攻　教授。専門は幼児教育。著書に『子どもを「人間としてみる」ということ』（共著、ミネルヴァ書房、二〇一三）、『驚くべき乳幼児の心の世界――「二人称的アプローチ」から見えてくること』（ヴァスデヴィ・レディ著、佐伯訳、ミネルヴァ書房、二〇一五）など。

ひとこと「「言葉」を「言語」という三人称化した概念ではなく、「ことば」という、相手がいて相手に語りかけるという、二人称的概念として捉え直すこと、これは「大変なこと」ですよね。」

刑部育子（ぎょうぶ・いくこ）［2章］お茶の水女子大学基幹研究院人間科学系保育・児童学コース　准教授。専門は、幼児教育学・発達心理学・学習科学。著書に『ワークショップと学び』（分担執筆、東京大学出版会、二〇一二）ほか。

ひとこと「「かかわることば」という考えに出会うことで、私の言語観が変革してしまいました。いったんこの考え方を知ると、あらゆる表現様式の訴えが「ことば」として聴こえてくることでしょう。「かかわることば」と「かかわらない言葉」の違いは何か、ぜひ本書で味わってみてください。」

奥泉　香（おくいずみ・かおり）［3章］日本体育大学　児童スポーツ教育学部教授。専攻は、国語科教育。著書に『メディア・リテラシーの教育――理論と実践の歩み』（編著、渓水社、二〇一五）ほか。

ひとこと「四種類の文字と縦書き・横書きを、選択し組み合わせてコミュニケーションをとっている私たち。この表記システムを駆使して、私たちはどのようにかかわり、どのような価値をやり取りしているのか、ご一緒に考えてみてください。」

井本由紀（いもと・ゆき）・**徳永智子**（とくなが・ともこ）［4章］（井本）慶應義塾大学理工学部専任講師、（徳永）慶應義塾大学国際センター特任講師。専門は、（井本）社会人類学・教育人類学、（徳永）教育社会学・教育人類学。二人の共著に、「多文化クラスにおけるチーム・エスノグラフィーの教育実践」『異文化間教育』四六号（二〇一七年八月刊行予定）、（井本）Foreign Language Education in Japan: Exploring Qualitative Approaches. Horiguchi, S., Y. Imoto, and G. Poole (eds.). *Sense.* 2016、（徳永）「国境を越える想像上の『ホーム』――アジア系アメリカ人の女子生徒によるメディア／ポピュラー・カルチャーの消費に着目して」『異文化間教育』四〇号（二〇一四）。

二人からひとこと「研究も教育も終わりのないプロセスであり、それを切り取って書くことは不可能ですが、協働で試みていくことに意味を見出していきたいと思います。より多くの読者（ことばの教育に関心のある方々など）とつながり、共に対話を重ねていければ嬉しいです。」

仲　潔（なか・きよし）［5章］岐阜大学教育学部准教授。専門は、批判的応用言語学、英語教育。著書に、『森住衛教授退職記念論集　日本の言語教育を問い直す――八つの異論をめぐって』（分担執筆、二〇一五、三省堂）、『言語文化教育学の実践――言語文化観をいかに育むか』（分担執筆、金星堂、二〇一二）ほか。

ひとこと「「よい授業」を観察した時に抱いた違和感がどこから来るのか、「かかわることば」という切り口から見えてきました。今回の執筆のおかげで、自らの授業を見直す機会を得ました。教員としての技能や教える技術も大事ですが、本書が、学習者とのかかわりを再考する契機になれば幸いです。」

熊谷由理（くまがい・ゆり）［6章］スミス大学東アジア言語文学学部　シニア・レクチャラー。専門は、外国語教育学、批判的応用言語学。著書に *Multiliteracies in World Language Education*（共編著、Routledge、二〇一五）、『異文化コミュニケーション能力を問う――超文化コミュニケーション力をめざして』（共編著、ココ出版、二〇一二）ほか。

ひとこと「米国の大学で日本語を教えるようになってかれこれ二十数年が経ちました。私自身、外国語としての英語で言語生活を営む中、また、日々学生らが日本語との関係を築いていくのを支援し見守る中、「かかわることば」という視点から言語教育を捉え直すことの重要性をつくづく痛感しています。」

細川英雄（ほそかわ・ひでお）［7章］早稲田大学名誉教授、言語文化教育研究所八ヶ岳アカデメイア主宰。専門は、言語文化教育学、日本語教育。著書に、『「ことばの市民」になる――言語文化教育学の思想と実践』（ココ出版、二〇一二）、『市民性形成とことばの教育――母語・第二言語・外国語を超えて』（共編著、くろしお出版、二〇一六）ほか。

ひとこと「この本の「かかわる」ということに関連して、わたしたちはかかわらないで生きていけるのかと問うと、ふだん、いろいろな形でかかわっているにもかかわらず、なかなかそのことに意識的になれないということなのだと、執筆しながら改めて実感しました。」

索　引

あ　行

アーミーメソッド（ASTP）　*166*
アイデンティティ（形成）　*192, 205-06*
アトリエリスタ（レッジョ・エミリア）　*71*
アフォーダンス　*92,94,98*
イマージョンプログラム　*204*
意味構築　*94,96,99-100*
インフォメーションギャップ　*168*
ウィドウソン，H.　*168*
ウィマー，H.　*30*
ヴェルトハイマー，M.　*25*
ウェルマン，H. M.　*31*
ヴント，W.　*25*
英語教育　*143*
　英語授業の演劇化　*152,160*
　国際英語論の理念にもとづいた――　*160*
　人間教育としての――　*160*
エスノグラフィー　*117, 122,* →オートエスノグラフィー
絵的シンボル　*214*
エンゲージメント　→かかわる（こと）
演劇・演劇的授業　*148, 149, 156, 160*
応用言語学　*151,152*
オートエスノグラフィー　*116,118*
　対話的――　*16,116,119,135*
オーディオ・リンガル・メソッド　*166,167,185*
オオニシ，K. H.　*31,34*
オーラル・アプローチ　*166*
岡原正幸　*118*
教える技術　*144-147, 153-155, 157-58*
オング，W. J.　*86*

か　行

外国語（教育）　*163, 167, 191, 194,204*
　外国語習得理論・教授法　*163*
かかわらない言葉　*15, 17, 56, 81, 83, 121-22, 135, 163-67, 171, 173-74, 177, 184-85, 191, 198, 208,214*
　かかわらない関係性, 言動　*145, 157-58*
　かかわらない文字　*87*
かかわる（こと）／かかわり（エンゲージメント）　*4,15,27,44,56, 59, 85, 89, 100, 103, 105, 108, 117,135,156-57,166*
かかわることば　*15-17, 52, 56, 72, 81, 83, 85, 121-22, 135-37, 163, 165-69, 171, 174, 176-77, 179,182-86,191,208,210,214*
　かかわる文字　*87*
学習
　学習者（の学び，機能性）　*152, 157*
　情報蓄積型の――　*153,154*

カナガラヤ，S.　172
壁　193,198,208
　かかわらない言葉の壁　192
　言語・文化・アイデンティティに関する壁　192
カランジス，M.　106
菅野純　81
聴き入ることの教育学　83
キャンドリン，S.　168
共感　44
共同体　208
共同注視（的関係）　44,45,51-53,57,167,210
切り離し（デタッチメント）　24,27,28,53,123
際立ち　93,95,108
銀行型教育　152-54
空気を読む　156-57
　「より空気の読める」学習者　155
久野暲　47
久保田竜子　152
クマラヴァディヴェル，B.　10
クラムシュ，C.　170
クレス，G.　86,89,92-93,107
計算言語学　2
継承語話者　8
ケーラー，W.　25
ゲシュタルト心理学　25
言語　1-3, 6, 53, 176-77, 184-85,192-96
　——運用（能力）　152
　——学習　153
　——活動主体　207
　——教育　204
　——とことば　2-3,53,177
　——材料　151-52
　——習得研究　151
　——道具論　152
　——論的転換　117
　習得すべき言語表現　154
「現実社会の構成」機能　98
語　165
コープ，B.　106
コール，M.　213
心の理論　29,31,33
個人的知識　24
誤信念課題　30-34
ことば　1, 3, 6, 10, 16, 136, 137,171,194-96,214
　——の教育　9,10,12
　社会・コミュニティ参加をめざすことばの教育　164
　ホリスティックなことばの活動　203,204
言葉　1, 67-68, 71, 163, 165, 171,195-96,214
コフカ，K.　25
コミュニカティブ・アプローチ　168-69,185
コミュニケーション　197
　——・ストラテジー　172
　「絵的」——　213

さ　行

サヴィニヨン，S. J.　168
佐伯胖　146-47,157,167
佐々木正人　92
佐藤郁哉　124
佐藤慎司　106
三項関係　44
参照枠（欧州共通参照枠）　170
三人称的アプローチ（関係性）　33,56,144,149,159
　「三人称的」他者　34
ジェームス，W.　80
思考の溝　127

自己再帰性　*117*
自己中心性　*39,40*
指導マニュアル　*151*
社会通念　*197,206*
社会的実践　*15,179*
授業
　——の技術　*156*
　情報蓄積型——　*154*
　「よい授業」　*145-49, 154, 156, 157*
焦点（フォーカス・ポイント）　*49, 51*
書記テクストからの意味構築　*100*
神経言語学　*2*
親密な自己投入　*150*
ステレオタイプ　*201,206*
前景化　*95,102,108*
相互文化性　*209*

た　行

第三者的（関係性）　*157*
第三の文化（アプローチ）　*169-71,185*
対面注視　*44*
対話（対話関係）　*15, 46, 53, 201, 202*
　——の順番取り（ターン・テイキング）　*36*
　ことばの教育における「対話性」　*153,158*
　対話的オートエスノグラフィー　→エスノグラフィー
　モノとの——　*72*
ダグラス，E.　*122*
多言語多文化主義　*194*,　→複言語・複文化主義
他者
　「三人称的」他者　*34*
　——との協働　*207*
　——との相互関係性　*209*
　——の視点　*40,42*
タン，S.　*107*
ダン，J.　*54*
談話状況のイマジネーション　*52*
知の技法　*25*
辻褄のあった（ある）まとまり　*25-27,53*
ディスコース　*96,97*
テクスト（書記テクスト）　*15, 85, 86,92,100,103,105*
デザイン
　——の過程　*95-96,103*
　再デザインされたもの　*96, 103, 104*
　すでにデザインされている資源　*95-96,103*
「問一答え」構造　*95*
道具性（言語の）　*152,173*
　社会的な道具　*168*
特定性　*10*
トマセロ，M.　*147*
トランスリンガル・アプローチ　*169,172-73,185*
ドルニェイ，Z.　*153*

な　行

中村敬　*157-59*
ナジ，E.　*35*
二人称的アプローチ　*15, 37, 44, 46,54,59,144,157*
　二人称的関係　*34,53*
　二人称科学　*15,59*
　「二人称的」他者　*34*
　YOU的関係　*44*
日本語　*178*
　社会参加をめざす日本語教育

173
ニューロンドン・グループ　95, 106
能力／機能（メンタル・ファカルティ）　2
ノーマン，D. A.　92
野口裕二　120

は　行

パーナー，J.　30
バイラジョン，R.　31,34
ピアジェ，J.　29-30,39-40
被差別部落　178
一人ひとりの文化　202
日野信行　160
批判的談話分析（CDA）　91,98
「百のことば」　68,71
ヒューズ，M.　42-43
表記システム　104
フェアクロフ，N.　87,91,100-01
複言語・複文化主義　169-70,185, 194, →多言語多文化主義
副次的な気付き　25-27
振り返り　136
フレイレ，P.　153
文化　184-85,192,197
文法訳読法　165-66
包括的統合　194
ボーク，H.　40
母語　165,191,194,203-04
星野恵子　49
ポストモダンな転換　117
細川英雄　152
ポランニー，M.　23-26,46,53

ま　行

マーティン，J. R.　92
マイノリティー　174,177
マラグッチ，ローリス　15,68-69
松本節子　49
まね　146-47,159-60
　社会的学習としての――　147
　文化的学習としての――　147, 159
　見よう見まね　147-48
マルチモダール　105
三つ山問題　39
箕浦康子　124
「見る」と「見られる」　73
民族　175-77
メタ言語意識　172
メンバーズ・リソース（MR）　91, 93-96,100,102,108
文字使用　53,67
モルナ，P.　35
森住衛　160

や　行

要素還元主義　213
読みの方向性（道筋）　92,95
読む　165

ら　行

リーヴェン，T.　93
リーチ，E.　122
リーディング・パス　92
レヴィ＝ストロース，C.　122
レヴィン，K.　25
レッジョ・エミリア　83
レディ，V.　28,39,44,54,73,80-81

わ　行

若林俊輔　158
わかること　159

A〜Z

ASTP →アーミーメソッド
CDA →批判的談話分析
MR →メンバーズ・リソース
WE的関係 *44,51*
YOU的関係 →二人称的アプローチ

かかわることば
参加し対話する教育・研究へのいざない

2017年5月31日　初　版

［検印廃止］

編　者　佐藤慎司・佐伯　胖

発行所　一般財団法人　東京大学出版会

代表者　吉見俊哉

153-0041 東京都目黒区駒場 4-5-29
http://www.utp.or.jp/
電話 03-6407-1069　Fax 03-6407-1991
振替 00160-6-59964

印刷所　株式会社三陽社
製本所　牧製本印刷株式会社

ISBN 978-4-13-053089-7　Printed in Japan